Hans Baur

Klasse Kasperlstücke
für Kinder von 3 bis 8

DON BOSCO

Bibliografische Information Der Deutschen Bibliothek

Die Deutsche Bibliothek verzeichnet diese Publikation in der
Deutschen Nationalbibliografie; detaillierte bibliografische
Daten sind im Internet über <http://dnb.ddb.de> abrufbar.

1. Auflage 2003 / ISBN 3-7698-1387-1
© 2003 Don Bosco Verlag, München

Umschlaggestaltung: Margret Russer
Layout und Illustrationen: LOGO-Grafik Cornelia Menichelli, München
Produktion: Don Bosco Grafischer Betrieb, Ensdorf

Gedruckt auf umweltfreundlichem Papier

Inhalt

Liebe Freunde des Kasperletheaters,

ich bin ein Kerl, der schon sehr viel erlebte. Ich hatte oft mit Räubern und Riesen zu tun, schlug mich mit Hexen, Zauberern, Zwergen, Krokodilen und etlichem anderen Getier herum. Ich schlich schon durch tiefe, unheimliche Kellergewölbe, traf die Ratte Nagezahn und Raimund, das Schlossgespenst. Ich begegnete der Wasserfrau, überführte den Ostereierdieb und brachte das verschwundene Kätzchen wieder nach Hause. Sogar dem großen alten Feuerdrachen Flammenzung konnte ich helfen. Und als der Seppl sich versteckte, fand ich ihn auch.

Doch jetzt erhielt ich eine Aufgabe, die mir besondere Freude macht. Da einige meiner Abenteuer in einem neuen Kasperlebuch erscheinen werden, wurde ich gebeten ein Vorwort zu diesem Buch zu schreiben. Natürlich lief ich sofort zur Gretl und zum Seppl und erzählte ihnen davon. »Ach, Kasperle«, sagte der Seppl zu mir, »das schaffst du mit links«. Auch die Gretl redete mir gut zu, und als mich schlussendlich auch noch die Großmutter ermunterte, ein Vorwort zu schreiben, konnte ich mich nicht mehr davor drücken.

Also: Mein Name ist Kasperle, ganz einfach: Kasperle. Hinten und vorne heiße ich gleich. So wie der Seppl einfach Seppl heißt und die Gretl einfach Gretl. Wo ich genau herkomme, weiß ich nicht, aber ich soll schon fast 250 Jahre alt sein, obwohl man mir das gar nicht ansieht. Kasperle heiße ich hier im alemannischen Raum, anderswo nennt man mich Kasper oder Kasperl. Seit ich denken kann, sind der Seppl und die Gretl meine besten Freunde. Ich wohne mit der Gretl zusammen bei der Großmutter. Wo der Seppl wohnt, weiß ich nicht so genau, aber er kommt mich fast täglich besuchen. Zusammen mit den Kindern erleben wir die verrücktesten Abenteuer.

Fantasielose Erwachsene glauben zwar, meine Freunde und ich seien nur aus Holz oder Pappmaschée und ein bisschen Stoff. Die Kinder aber wissen, dass ich ein großes, weiches Herz und eine empfindsame Seele habe. Meistens bin ich lustig und zu Scherzen aufgelegt, aber es kann auch sein, dass ich traurig bin und sogar weine. Dann trösten mich die Kinder. Der Seppl, die Gretl und die Großmutter halten immer zu mir, obwohl ich ein Kerl bin, der sehr viel Unfug macht. Manchmal kann es sogar richtig gefährlich werden. Wenn ich nur daran denke, wie der Löwe, der Affe und das Krokodil nach Kasperhausen kamen. Eines wissen die Kinder aber schon von Anfang an:

Meine Geschichten haben immer ein gutes Ende, ja – und mir passiert sowieso nie etwas, sonst wäre ich nicht so alt geworden.

Die Geschichten, die ihr in diesem Buch findet, spielte ich in einem großen, wunderschönen Theater. Es besuchten mich immer sehr viele Kinder. Mit den Kindern kamen auch Mamas, Papas, Opas und Omas. Und die gaben mir den Rat, diese Geschichten aufzuschreiben, damit auch andere Kinder diese Abenteuer kennen lernen.

Dreizehn dieser Geschichten – ich erlebte sie alle wirklich – findet ihr in diesem neuen Kasperlebuch. Ich hoffe, ihr habt viel Freude beim Lesen und natürlich dann auch beim Spielen.

Vielleicht fällt euch zu der einen oder anderen Geschichte noch selbst etwas ein. Der Seppl, die Gretl und ich sind nicht böse, wenn ihr die Geschichten ein wenig ändert und noch einige verrückte Abenteuer dazu erlebt. Ihr müsst mir nur versprechen, dass ihr vor allem den Kindern eine große Freude damit bereitet.

In der Zwischenzeit mache ich mich wieder auf die Suche nach neuen Abenteuern und Geschichten. Es gibt ja noch so viel zu erleben.

Es grüßt euch
Euer Kasperle

PS.: Die Hexe Lakmira und der Zauberer Krimoplax würden euch gerne einmal kennen lernen.

Kasperle und der Angsthase

Es spielen:

das Kasperle, die Gretl, der Seppl, eine Maus, ein Waldgeist,
eine Schnecke, der böse Zauberer Flixflax

Bühnenbilder:

1. Szene: In der Stube der Großmutter
2. Szene: Im tiefen Wald
3. Szene: Im Wald des Zauberers Flixflax

Requisiten:

1 Mutwurzel, 1 Holzkiste, 1 Hammer für den Seppl,
1 Korb für das Kasperle zum Bärlauchsammeln

Inhaltsangabe:

Dass das Kasperle kein Angsthase ist, wissen alle Kinder. Nicht ganz so mutig wie das Kasperle ist der Seppl. Manchmal ist er sogar ein richtiger Angsthase. Dann sieht er überall Monster und Gespenster. Das Kasperle will dem Seppl helfen und nimmt ihn mit in den Wald. Dort treffen die beiden auf einen Waldgeist und der gibt dem Seppl eine Mutwurzel und alles wird anders. Der Seppl wird plötzlich ein ganz mutiger Kerl.

1. Szene: In der Stube der Großmutter

Der Seppl nagelt gerade an einer Kiste herum. Die Gretl erschreckt ihn – sie weiß, dass der Seppl sehr ängstlich ist. Auch dem Kasperle ist schon aufgefallen, dass der Seppl ein wenig ein "Angsthase" ist.

(Der Seppl trägt eine Holzkiste herein und beginnt sie zu reparieren, er schlägt mit dem Hammer auf sie ein.)

Seppl *(zornig)*: »Das ist vielleicht eine blöde Kiste, so ein Mist. Nun halte endlich zusammen, du blödes Ding, du. Wo hat Großmutter nur diese Kiste wieder gekauft, wahrscheinlich im Baumarkt, zwei Tage alt und schon fällt das Ding auseinander.«

Gretl *(kommt von hinten angeschlichen und erschreckt den Seppl – dieser lässt Kiste und Hammer fallen):*
»Uhu, Seppl, ich bin's ... Überraschung!«

Seppl: »Mein Gott, Gretl, was machst du nur, hast du mich jetzt erschreckt. Mein Herz klopft wie eine Dampflokomotive ...«

Gretl: »Aber Seppl, das war doch nur Spaß, du zitterst ja wie Espenlaub. Ich bin es doch nur, die Gretl.«

Seppl: »Und ich dachte schon, es wäre ein Monster. Jetzt kann ich nicht mehr weiter arbeiten, so hast du mich erschreckt.«

Gretl: »Warum bist du denn nur so ängstlich, Seppl? Hast du vielleicht wieder zuviel in die Glotze geschaut oder hast du etwa wieder ein neues Computerspiel? Du wirst mir jetzt doch nicht in die Hosen machen vor lauter Angst?«

Maus *(eine kleine Maus läuft piepsend über die Bühne)*: »Pspspsps...«

Seppl *(sieht die Maus und gerät in Panik)*: »Sieh nur Gretl, ein Monster, so hilf mir doch Gretl, ein Monster, vielleicht will es mich fressen!«

(Die Maus läuft wieder piepsend hinaus.)

Gretl: »Aber das war doch nur ein ganz kleines liebes Mäuschen, vor dem musst du doch keine Angst haben.«

Kasperle *(kommt von der Seite herein)*: »Ja was ist denn hier los, was soll dieser Lärm?« *(Er sieht den zitternden Seppl.)* »Hallo, Seppl, aber du bist ja käseweiß im Gesicht. Ist denn irgendetwas passiert?«

Gretl: »Stell dir vor, Kasperle, der Seppl hat beinahe in die Hose gemacht, und nur weil ein kleines liebes Mäuschen vorbeispaziert ist.«

Seppl *(weinerlich)*: »Aber wenn es jetzt eine Zaubermaus gewesen wäre, dann hätte sie mich vielleicht aufgefressen.«

Kasperle: »Ach hör doch auf, Seppl! Was redest du denn da von Zaubermäusen, warum bist du auf einmal so ängstlich?«

Seppl *(ängstlich):* »Ich weiß auch nicht, Kasperle.

Kasperle: »Du Gretl, komm einmal her zu mir!«

(Er geht mit der Gretl auf die Seite.)

»Ich glaube, wir müssen etwas unternehmen, so kann das mit dem Seppl nicht mehr weitergehen. Sieh nur, wie er da steht und zittert. Stell dir vor, Gretl, gestern war ich mit ihm auf dem Spielplatz, ich wollte ihm die neue schöne Rutschbahn zeigen. Du weißt, die ist superschnell, und weißt du was? Er hat sich nicht getraut, hinunter zu rutschen.«

Gretl: »Was du nicht sagst Kasperle, heute morgen ist mir etwas Ähnliches passiert. Mir ist aus Versehen ein Glas aus der Hand gefallen, und da hat der Seppl gleich geschrien 'Hilfe, hilfe, das Haus bricht zusammen!' – Und alles nur wegen ein paar Scherben.«

Kasperle: »So kann das auf jeden Fall nicht weitergehen.«

Gretl: »Da hast du recht, Kasperle. Wenn der Seppl nur noch Angst hat, dann gibt es auch kein richtiges Kasperletheater mehr, keinen Räuber, keine Hexe, keinen Drachen ...

Und du meinst, du kannst ihm helfen?«

Kasperle: »Ich glaube schon, Gretl, ich habe auch schon eine Idee ...« *(Er geht zum Seppl hin.)* »Seppl, he du, geht es wieder besser?«

Seppl: »Ja, ja, Kasperle, so einigermaßen.«

Kasperle: »Ich brauche dich heute nämlich noch. Wir müssen noch in den Wald, um Bärlauch zu sammeln für die Großmutter. Du kannst mir helfen.«

Seppl: »Ist es im Wald aber auch nicht zu gefährlich, Kasperle?«

Kasperle: »Ach was, ich bin ja bei dir, und die Kinder nehmen wir auch alle mit, dann kann nichts passieren.«

Seppl: »Du musst mir aber versprechen, immer in meiner Nähe zu bleiben, nicht dass auf einmal ein Monster auftaucht und mich fressen will.«

(Die beiden gehen ab.)

Gretl: »Ich bin gespannt, was das Kasperle wieder für eine Idee hat.«

2. Szene: Im tiefen Wald

Das Kasperle und der Seppl sind im tiefen Wald. Der Seppl weicht dem Kasperle nicht von der Seite – trotzdem hat er große Angst. Dann taucht auch noch ein richtiger Waldgeist auf, aber der hat für den Seppl ein wunderbares Geschenk.

Kasperle *(kommt mit einem Korb herein und pflückt etwas Bärlauch, der Seppl*

verfolgt ihn auf Schritt und Tritt): »Schau nur Seppl, überall wächst Bärlauch. Der Korb für die Großmutter ist schon fast voll.«

Seppl *(klebt förmlich an Kasperle):* »Sind wir nicht bald fertig, Kasperle? Ich würde ganz gerne wieder nach Hause gehen. Im Wald ist es so dunkel und gefährlich.«

Kasperle: »Ach was, hier gibt es doch nichts Gefährliches. Und sitz mir nicht dauernd auf dem Rücken herum! Ich habe ein Gefühl, wie wenn ich mit einem Rucksack durch den Wald laufen würde.« *(Eine Schnecke kommt langsam hereingekrochen.)*

Seppl *(ruft laut):* »Kasperle, sieh nur, ein Dinosaurier! So hilf mir doch, ein Dinosaurier, vermutlich ein Fleischfresser!« *(Er klammert sich an das Kasperle.)*

Kasperle: »Ja, ja, ein Dinosaurier, und dazu noch ein besonders schneller. Ach Seppl, was bist du nur für ein Angsthase geworden. Ein Dinosaurier, dass ich nicht lache …« *(Die Schnecke verschwindet wieder.)*

Seppl *(hängt immer noch am Kasperle):* »Ist der Saurier fort, Kasperle?«

Kasperle: »Aber sicher Seppl, der Saurier ist fort. Und jetzt beruhige dich wieder. Was ist nur los mit dir?«

(Ein Waldgeist kommt hereingeschwebt.)

Waldgeist: »Huhuhu … huhuhu …«

Seppl: »Sieh nur, Kasperle, schon wieder ein Monster.«

Kasperle *(beruhigend):* »Aber Seppl, das ist doch kein Monster, das ist ein Waldgeist. Und noch dazu ein ganz besonders schöner. Ja, guten Tag, Herr Waldgeist. Wie geht`s? Wie steht`s?«

Waldgeist: »Danke der Nachfrage. Mir geht es gut und dir? Bist du denn nicht das Kasperle?«

Kasperle: »Doch, das bin ich, und danke, mir geht es auch recht gut.«

Seppl *(kauert zitternd in einer Ecke):* »Ich will wieder nach Hause, ich habe solche Angst!«

Waldgeist: »Wovor hat dein kleiner Freund denn so große Angst, doch nicht etwa vor mir?«

Kasperle: »Ach, der fürchtet sich derzeit vor allem und vor jedem. Überall sieht er nur Monster und Fleischfresser. Es ist ein Jammer.«

Waldgeist: »Aber ich bin doch ein ganz braver und lieber Waldgeist, huhu. Vor mir braucht sich doch niemand zu fürchten.«

Kasperle: »Sag einmal, Waldgeist, kannst du dem Seppl nicht helfen? Vielleicht gelingt es dir, ihm die Angst zu nehmen. Waldgeister können das doch sicher.«

Waldgeist: »Das kann ich wohl, Kasperle. Es ist mir eine Freude, deinem Freund und dir zu helfen. Bring ihn einmal her zu mir.«

Kasperle *(geht zum Seppl hin):* »Komm, Seppl, der Waldgeist wird dir helfen.«

Seppl: »Ich traue mich nicht, Kasperle.«

Kasperle: »Na, mach schon.«

(Er schiebt den Seppl zum Waldgeist.)

Waldgeist: »Hallo, Seppl. Wie geht es dir?«

Seppl *(schüchtern):* »Nicht so gut, Herr Waldgeist.«

Waldgeist: »Und warum geht's dir nicht so gut?«

Seppl: »Ich habe immer solche Angst.«

Waldgeist: »Soll ich dir helfen, Seppl, damit du deine Angst verlierst?«

Seppl: »Das wäre nicht schlecht, wenn du das fertig bringst.«

Waldgeist: »Dann pass einmal gut auf! Ich habe nämlich ein Geschenk für dich, und zwar etwas ganz Besonderes.«

(Der Waldgeist bückt sich und nimmt eine Wurzel auf.)

»Weißt du, was das ist, Seppl?«

Seppl: »Ich würde sagen: ein Stück Holz, eine Wurzel ...«

Waldgeist: »Aber es ist keine gewöhnliche Wurzel. Das hier ist eine Mutwurzel.«

Seppl: »Eine Mutwurzel?«

Waldgeist: »Jawohl, eine Mutwurzel. Und dazu noch eine ganz besonders schöne Mutwurzel.«

Seppl: »Und was mache ich mit dieser Mutwurzel?«

Waldgeist: »Du musst diese Wurzel ganz fest in die Hände nehmen und dann sagst du: ʼIch habe keine große Angst mehr!ʼ Und die Wurzel wird dir helfen. Probier es einmal!«

Seppl *(ganz leise):* »Ich habe keine große Angst mehr.«

Waldgeist: »Das musst du viel lauter sagen.«

Seppl *(etwas lauter):* »Ich habe keine große Angst mehr.«

Waldgeist: »Lauter, Seppl, lauter, ruf es in den Wald hinein: ʼIch habe keine große Angst mehr!ʼ«

Seppl *(beginnt laut zu rufen):* »Ich habe keine große Angst mehr, ich habe keine große Angst mehr! *(immer lauter)* Ich habe keine große Angst mehr! Hurra..., hurra! Es hat funktioniert! Die Mutwurzel hat mir geholfen! Ich habe keine große Angst mehr vor nichts und niemandem!«

Kasperle: »Jetzt bist du wieder der Seppl von früher, so wie dich alle Kinder kennen. Vielen Dank, Herr Waldgeist, dass du dem Seppl geholfen hast.«

Waldgeist: »Ist schon recht, Kasperle, und jetzt kommt gut nach Hause. Es ist schon spät und im Wald wird es schnell dunkel.« *(Schwebt davon.)*

Seppl: »Das ist mir doch egal, ob dunkel oder nicht. Ich habe ja meine Mutwurzel – da kann mir nichts passieren.«

Kasperle: »Komm jetzt, Seppl! Wir haben noch einen weiten Weg vor uns.«

3. Szene:
Im Wald des bösen Zauberers Flixflax

Auf dem Heimweg haben sich das Kasperle und der Seppl verirrt. Sie sind im Wald des Zauberers Flixflax gelandet. Das Kasperle hat ein wenig Angst bekommen – nicht so der Seppl, der fürchtet sich vor gar nichts mehr.

(Die beiden sprechen hinter der Bühne.)

Kasperle: »Jetzt mach endlich weiter, Seppl! Musst du denn in jedes Fuchsloch hineinkriechen und auf jeden hohen Baum hinaufklettern?«

Seppl: »Je tiefer das Loch, um so spannender das Hineinkriechen – je höher der Baum, um so schöner das Hinaufklettern. Du wirst doch keine Angst um mich haben?«

Kasperl: »Das nicht gerade, aber es ist schon spät und dunkel wird es auch gleich. Wir sind noch nicht zu Hause.«
(Die beiden kommen jetzt auf die Bühne.)

Seppl: »Wo sind wir denn hier gelandet? Dieses Stück Wald kenne ich überhaupt nicht.«

Kasperle: »Ich glaube fast, wir haben uns verlaufen. Wahrscheinlich haben wir vorher die falsche Abzweigung erwischt und, und … *(ängstlich:)* Jetzt habe ich ein wenig Angst, Seppl. Du nicht auch?«

Seppl: »Angst? Ich soll Angst haben? – Ob Hexenhaus, ob Schlangengift, auch wenn der Seppl Monster trifft. Kinder, hört nur alle her, das Wörtchen ‚Angst' kenn ich nicht mehr.«

Kasperle: »Diese Mutwurzel hat dem Seppl wirklich geholfen. Er ist nicht mehr zu bremsen.«

Seppl *(ruft in den Wald hinein)*: »Hallo, ist da jemand? Vielleicht ein Monster, eine Hexe oder ein Zauberer? Hallo! Hallo!«

Zauberer *(kommt mit Rauch und Donner auf die Bühne)*: »Wer erlaubt es sich, hier im Wald des bösen Zauberers Flixflax solch einen Lärm zu machen!«

Kasperle: »Mein Gott, das ist Flixflax! Von dem habe ich schon gehört. Das ist der böseste und gemeinste Zauberer im ganzen Zauberwald. Das könnte jetzt gefährlich werden.«

Zauberer: »Was wollt ihr hier? Wisst ihr denn nicht, wer ich bin? Ihr wagt es, in mein Reich zu kommen, wo doch alle Geschöpfe Angst vor mir haben. Ich werde euch in eklige Kröten verwandeln!«

Seppl *(geht mutig auf den Zauberer zu):* »He du, Zauberer! Was soll dieses Geschrei? Du hast sie wohl nicht alle ...«

Zauberer *(schreit):* »Wie?! Was?! Hast du denn nicht gehört? Ich bin es, Flixflax, der furchtbare Zauberer Flixflax! Vor mir hast du Angst zu haben! Hast du gehört? Angst, Angst! Flixflax nennt man mich!«

Seppl *(schreit zurück):* »Und ich bin der tapfere, unerschrockene, sich vor nichts fürchtende mutige Seppl! Und jetzt höre mir gut zu, du ... du ... du ... Hosenmatz, du!«

Zauberer: »Wie nennst du mich? Habe ich richtig gehört?«

Kasperle *(geht vorsichtig von hinten an den Seppl heran und flüstert):* »Du, Seppl, ich würde es nicht zu weit treiben, mit dem Zauberer Flixflax ist nicht zu spaßen. Ich verkriech mich lieber in einer Ecke.«

Seppl: »Lass mich nur machen, Kasperle. Das ist jetzt Seppls Angelegenheit. Ich werde es diesem aufgeblasenen Kerl

schon zeigen.« *(Er geht wieder zum Zauberer.)* »Hosenmatz habe ich gesagt.«

Zauberer: »Das wagst du nicht noch einmal! Das wagst du nie und nimmer!«

Seppl: »Dann pass einmal gut auf, Hosenmatz!«

Zauberer: »Na warte, du ... du ... Zwergnase, du ...«

Sepp: »Du hässlicher Ziegenbart!«

Zauberer: »Stöpslmensch!«

Seppl: »Suppenknödel!«

Zauberer: »Suppenknödel? Hast du soeben Suppenknödel gesagt?«

Seppl: »Jawohl, Suppenknödel, und wenn du jetzt nicht sofort Ruhe gibst, dann stecke ich dich in meinen Hosensack!«

Zauberer: »Wie? Was? Er steckt mich in seinen Hosensack. Ja hat denn dieser Kerl gar keine Angst vor mir? Aber warte nur! Mein Zauberstab, wo ist mein Zauberstab?«

Seppl: »Na siehst du, ohne Zauberstab sieht selbst ein Zauberer müde aus.«

Zauberer: »Warte nur, du Grünmützler du, ich laufe jetzt in mein Zauberschloss und hole mir den Stab und dann kannst du was erleben!« *(Der Zauberer geht schimpfend ab.)* »Suppenknödel nennt er mich, Suppenknödel, so eine Frechheit!«

Kasperle *(kommt aus seinem Versteck hervor):* »Mensch, Seppl! So kenne ich dich ja gar nicht. Du bist mir vielleicht einer.

15

Hast du denn überhaupt keine Angst gehabt vor dem Zauberer?«

Seppl: »Nun ja, ein bisschen schon, aber
dann habe ich meine Mutwurzel wieder
ganz fest gehalten, und dann war ich
wieder ganz mutig. Und der Zauberer
hatte ja keinen Zauberstab dabei.«

Kasperle: »Aber jetzt sollten wir so schnell
wie möglich von hier verschwinden, bevor Flixflax wieder zurückkommt.«

Seppl: »Da könntest du recht haben,
Kasperle. Also nichts wie fort von hier!«

Kasperle: »Aber vorher müssen wir uns
noch von den Kindern verabschieden.
Also Kinder, für heute und ...«
(Verabschiedung und Vorhang)

Kasperle und der kleine Drache Fauchi

Es spielen:

das Kasperle, der kleine Drache Fauchi,
der große alte Drache Flammenzung, die Hexe Lakmira

Bühnenbilder:

1. Szene: Im Drachenwald
2. Szene: Im Drachenwald
3. Szene: Im Drachenwald

Inhaltsangabe:

Der kleine Drache Fauchi hat große Schwierigkeiten, ein richtiger Drache zu werden, denn sein Vater erwartet viel zu viel von ihm. So kann er nicht richtig Feuer spucken, nicht richtig brüllen und mit dem Leute-Erschrecken klappt es auch nicht. Und da es im Drachenwald keine Spielgefährten für Fauchi gibt, ist ihm oft langweilig. Es bleibt ihm nur sein Vater zum Spielen. Aber mit Vätern zu spielen, ist so eine Sache.

Doch eines Morgens hat auch Fauchis Vater, der alte Drache Flammenzung, große Schwierigkeiten. Er kann nicht mehr richtig brüllen, seine Stimme versagt. Als auch die Hexe Lakmira nicht mehr helfen kann, muss das Kasperle einspringen. Gemeinsam mit den Kindern gelingt es dem Kasperle, dem alten Drachen zu helfen.

1. Szene: Im Drachenwald

Der kleine Drache Fauchi kommt auf die Bühne und erzählt den Kindern von seinen Problemen.

Fauchi *(singend)*: »Tüt ... tüt ... tüt ... tüt ...
Bin ein Drache grün und klein, tüt ... tüt ...
Meistens bin ich ganz allein, tüt... tüt... tüt.
Ich würd so gern zur Schule gehn, tüt...
tüt... tüt... und mal andre Drachen sehn,
tüt... tüt... Mir ist so langweilig, weiß nicht,
was ich machen soll, tüt... tüt...«
(Sieht die Kinder:) »Ach, hallo, Kinder, ihr
seid auch da? Könnt ihr vielleicht ein
wenig mit mir spielen? Mir ist so langweilig. Hier im Drachenwald passiert nie
etwas Aufregendes. Ich bin hier weit und
breit der einzige kleine Drache. Ich habe
nur meinen Vater zum Spielen und das
ist ... Naja, wisst ihr, mein Vater ist ein gro-

ßer alter Feuerdrache, und er hält nicht
viel vom Spielen. Er will immer nur, dass
ich etwas Richtiges lerne: Feuer spucken
zum Beispiel, oder wie man richtig brüllt,
oder Leute erschreckt. Ich würde aber
viel lieber spielen ...
Wollt ihr mal hören, Kinder, was passiert,
wenn ich meinen Vater frage, ob er mit
mir spielen will?« *(Kinder bejahen.)*
»Ja, ihr wollt es wirklich hören? Na, dann
passt mal auf!«
(Ruft nach seinem Vater:) »Papa, kannst
du ein wenig mit mir spielen?«
*(Der große Drache Flammenzung spricht
hinter der Bühne.)*

Flammenzung: »Keine Zeit, mein Sohn, ich
habe Wichtiges zu tun. Vielleicht in einer
Stunde. Spiel doch etwas alleine.«

Fauchi: »Habt ihr gehört, Kinder? Das war
mein Vater. Es ist immer dasselbe! *(Macht
die tiefe Stimme des Vaters nach:)* ʻKeine
Zeit mein Sohn, ich habe Wichtiges zu
tun.ʼ Dabei sitzt er nur unter seinem Lieb-
lingsbaum und hält ein Schläfchen. Aber
wenn ich etwas von ihm lernen will, dann
hat mein Vater immer Zeit. Jetzt passt einmal gut auf, Kinder! *(Ruft:)* Papa, Papa!«

Flammenzung: »Ja, mein Sohn, was ist
denn jetzt schon wieder?«

Fauchi: »Ich möchte ein wenig üben, wie
man richtig brüllt und Menschen erschreckt. Kannst du mir dabei helfen?«

Flammenzung *(stürmt wild herein)*: »Aber natürlich, mein Sohn, bin schon da, für dich habe ich doch immer Zeit.«

Fauchi: »Habt ihr das gesehen, Kinder? Jetzt hat er Zeit für mich. So ist das immer. Na ja, dann lerne ich eben ein wenig, sonst ist mir doch nur wieder langweilig.«

Flammenzung: »So, mein Sohn, wir üben zuerst das Leute-Erschrecken-Brüllen. Du weißt ja, tief Luft holen und dann mit voller Kraft. Aber so, dass die Bäume zittern vor Angst und dass sich sogar die Wolken verstecken. Ich zähle jetzt bis drei und dann brüllst du. Eins, zwei und ... drei!«

Fauchi *(mit ganz leiser zittriger Kinderstimme)*: »brrrr ...«

Flammenzung: »Was war das denn? Hat da irgendwo eine Maus gepiepst oder ist sogar vielleicht ein Marienkäfer hingefallen? Sohnemann, das war doch kein Brüllen! Du musst tief Luft holen und dann brüllen, mein Sohn, brüllen! Soll ich dir mal vorführen, wie man richtig brüllt? Na? Soll ich?«

Fauchi: »Ich weiß schon Vater, dass du es kannst. Du hast es mir schon tausende Male vorgeführt.«

Flammenzung: »Aber die Kinder haben es noch nie gehört. Wollt ihr es einmal hören, Kinder? Na, wollt ihr einmal hören, wie ein richtiger Drache brüllt? Dann passt mal auf!«

(Flammenzung zeigt ein gar fürchterliches Brüllen.)

Fauchi: »Schon gut, Vater, du kannst wieder aufhören, es reicht, jetzt haben es alle gehört.« *(Der Vater brüllt weiter.)* »Aufhören, Vater! Bitte, aufhören! Jetzt hört er nicht mehr auf, Kinder. Aber da gibt es etwas, Papa. Kannst du mir vielleicht zeigen, wie man richtig Feuer spuckt? Bitte, bitte, Vater!«

Flammenzung *(der große Drache wird ganz verlegen)*: »Ja, mein Sohn, Feuer spucken, das ist so eine Sache ... Also, das ist ... Vielleicht morgen, weil jetzt muss ich leider gehen, ich hab noch etwas Wichtiges zu erledigen.«

(Flammenzung geht ganz verlegen und murmelnd ab.)

Fauchi: »Habt ihr gesehen, Kinder? Das mit dem Feuerspucken passt ihm nämlich gar nicht. Und wollt ihr wissen, warum? Ja? Er kann nicht mehr richtig Feuer spucken. Etwas rauchen, das geht noch, aber mit dem Feuer hat er so seine Probleme. Er ist eben schon ein alter Drache, ein ganz netter Bursche eigentlich, nur manchmal, da ist er etwas ... na ja, ihr habt es ja gesehen. Und jetzt? Jetzt ist mir wieder langweilig, na ja, dann mach ich einen kleinen Spaziergang. Tüt... tüt... tüt... Bin ein Drache grün und klein ...«

(Fauchi geht singend von der Bühne.)

2. Szene: Im Drachenwald

Der große Drache Flammenzung steckt in großen Schwierigkeiten – ob die Hexe Lakmira da helfen kann?

Flammenzung (kommt ganz aufgeregt, laut rufend, auf die Bühne):
»Sohnemann, Sohnemann, wo steckst du nur? Sohnemann!
Hallo, Kinder, ich bin ganz durcheinander, es ist etwas Furchtbares passiert. Ihr wollt sicher wissen, was. Aber ich schäme mich ja so, am liebsten würde ich mich in einer Höhle verkriechen. Dass mir so etwas passieren kann, ausgerechnet mir, dem großen Drachen Flammenzung! Einfach furchtbar, drachenunwürdig!
Ach ja, Kinder, ihr wollt ja wissen, was es ist. Dann passt einmal gut auf! Ihr hört jetzt den fürchterlich-grausigen-dampf-nudel-schmausigen-herzstillstehenden-magenumdrehenden-angsteinflößen-den-kochtopfumstoßenden-nervenzer-fetzenden-sackmesserwetzenden-Mor-gen-Brüll des großen grünen Drachen Flammenzung. Aufgepasst, Kinder!«
(Er holt tief Luft und gibt ein leises Piepsen von sich.) »Blähhh... bläh... (ganz weiner-lich) Habt ihr gehört, Kinder? Einfach nur bläh... So sehr ich mich auch bemühe, einfach bläh... Mehr geht leider nicht. Heute morgen bin ich aufgewacht, habe versucht – so wie jeden Morgen – richtig zu brüllen, und alles, was kommt, ist ein Bläh... (Beginnt heftiger zu weinen.) Was mach ich nur, was mach ich nur? Sohnemann, ach Sohnemann, wo steckst du nur?«

Fauchi: »Aber Papa, was schreist du denn so? Ich war nur ein wenig spazieren. Ist denn irgendetwas Schlimmes passiert?«

Flammenzung: »Und ob, Sohnemann, und ob! Es ist furchtbar, ich kann es gar nicht erzählen.«
(Spricht zu den Kindern.) »Kinder, könnt ihr Sohnemann erzählen, was passiert ist? Ich bin dazu nicht in der Lage.«
(Die Kinder erzählen.)

Fauchi: »Was? Habe ich das richtig ver-standen? Vater kann nicht mehr brüllen? Aber das ist ja ... Das kann ich fast nicht glauben! Du Papa, kannst du mir einmal zeigen, wie das ist, wenn ein großer Dra-che nicht mehr brüllen kann?«

Flammenzung: »Was gibt es da schon zu zeigen, Sohnemann. Pass einmal auf! (Er holt tief Luft und bläst leise.) Blä... blä...«

Fauchi: »Das war alles, wirklich alles? Mehr geht nicht? Auch wenn du dich richtig anstrengst, so mit Tief-Luft-Holen und Bauch-Einziehen?«

Flammenzung: »Nein, Fauchi, mehr geht einfach nicht. Was mach ich nur, was mach ich nur? Wenn du mir hilfst, Sohne-

mann, dann werde ich auch immer mit dir spielen, wenn du dazu Lust hast. Grosses grünes Drachen-Ehrenwort.«

Fauchi: »Ich kann dir dabei nicht helfen, Vater. Aber vielleicht kann es die Hexe Lakmira, sie kennt so viele Zaubersprüche. Und sie hat auch keine Angst, in den Drachenwald zu kommen. Soll ich sie einmal rufen?«

Flammenzung: »Natürlich, Sohnemann, rufe sie, schnell, schnell! Das wäre etwas, wenn die mir helfen könnte.«

Fauchi: »Kinder, wollt ihr mir helfen, die Hexe Lakmira zu rufen? *(Kinder)* Ja? Gut, dann rufen wir zusammen: ʻLakmira! Lakmira!ʼ« *(Die Hexe erscheint mit Rauch und Donner.)*

Lakmira: »Da bin ich schon, da bin ich schon. Was gibt es denn so Wichtiges, dass alle nach mir rufen?«

Fauchi: »Stell dir vor, Lakmira, mein Vater kann nicht mehr richtig brüllen. Er macht nur noch blä... blä... Und das ganz leise, und mehr geht einfach nicht.«

Flammenzung: »Ja, das stimmt, liebe Hexe. Einfach nur blä... blä...«

Lakmira: »Ein Drache, der nur noch ʻbläʼ macht, ausgezeichnet! Ich will sagen, das ist ja fürchterlich, das geht natürlich nicht. *(Sie geht nachdenklich hin und her.)* Scheint ein komplizierter Fall zu sein, äußerst kompliziert! Einen Hexenspruch

dazu gibt es nicht, das würde ich wissen. Da muss ich schon einen Spruch erfinden. Aber es könnte gefährlich werden, sogar sehr gefährlich. Wenn es mir nicht gelingt, dann ... dann ... , na ja, ich muss es eben versuchen.«

Fauchi: »Dann lass ich euch jetzt lieber alleine. Wenn es so gefährlich werden kann, dann verstecke ich mich lieber.« *(Fauchi geht ab.)*

Lakmira: »Gut, dann wollen wir einmal beginnen. *(Sie nimmt ihren Hexenbesen und beginnt zu hexen.)*
Krötenschleim und Spinnenspeuz
Babywindel – Kinderschneuz
Fliegenbiss und Entenschiss
Fahrradhelm und Schlangenzahn,
der Drache wieder brüllen kann.
(Donner und Rauch)

So, das müsste eigentlich genügen. Versuchen Sie jetzt einmal zu brüllen.«

Flammenzung *(der Drache holt tief Luft und brüllt wie eine Kuh)*: »Muh! Muh! Muh! Aber, aber das klingt wie eine Kuh. Bin ich jetzt vielleicht eine Kuh? Muss ich jetzt sogar noch Milch geben? Muh! Muh!« *(Fängt an zu weinen.)*

»Ich will keine Kuh sein und ich will auch keine Milch geben. Das ist ja schlimmer als vorher!«

Lakmira: »Naja, dieser Zauberspruch scheint ja misslungen zu sein. Das gebe ich zu. Dann muss ich eben einen anderen probieren:

Zicke, zacke – Hühnerkacke,
Gänseleber – Entenschnake,
Apfelstrudel – nackter Pudel,
Eierspeis und Männerschweiß,
Hicke, hacke – Wackelzahn,
der Drache wieder brüllen kann.

Das müsste jetzt aber funktionieren. Probieren Sie es jetzt einmal!«

Flammenzung *(er holt wieder tief Luft und gackert wie ein Huhn)*: »Gogogogogogog... Jetzt bin ich ein Huhn, um Himmels willen, ein Huhn, das gibt's doch nicht! Ich will doch brüllen und nicht Eier legen.« *(Fängt wieder an zu weinen.)*

Lakmira: »Oh je, dieser Spruch war auch nicht der richtige. Aber es hilft alles nichts. Wir müssen es weiter versuchen,

bis es klappt. Aber es könnte noch gefährlicher werden. Es ist wohl besser, wir machen den Vorhang zu. Man weiß ja nie, was passiert ...« *(Vorhang)*

3. Szene: Im Drachenwald

Die Hexe Lakmira kann dem Drachen nicht helfen. Vielleicht aber schafft es das Kasperle.

Fauchi *(kommt aufgeregt herein)*: »Hallo, Kinder, da bin ich wieder. Ihr seid wohl schon neugierig, was in der Zwischenzeit passiert ist. Nichts ist passiert, Kinder, gar nichts. Die Hexe versucht es immer noch, aber der richtige Spruch fällt ihr leider nicht ein. Die beiden sind jetzt hinten im Wald. Wenn ihr ganz still seid, dann könnt ich meinen Vater brüllen hören.«

(Man hört im Hintergrund ganz leise ein Schwein grunzen.)

»Habt ihr das gehört, Kinder? Das war natürlich kein Schwein, das war mein Vater. Wenn das so weitergeht, kann er am Schluss piepsen wie ein Kanarienvogel. Ach, wenn ich ihm nur helfen könnte? Kinder, kennt ihr vielleicht jemanden, der meinem Vater helfen könnte?« *(Die Kinder reagieren sofort – Kasperlerufe.)*

»Das Kasperle? Ihr glaubt, das Kasperle kann helfen? Aber natürlich, dass mir das

nicht gleich eingefallen ist. Wollen wir ihn einmal rufen? Ihr könnt mir dabei helfen? `Kasperle! Kasperle!´«

Kasperle (*kommt singend hereingestürmt*): »Tri, tra, trallala ... Das Kasperle ist wieder da. Hallo, Kinder, seid ihr auch alle da?«
(*Zum kleinen Drachen:*)
»Ja, Hallo, Fauchi! Was machst denn DU für ein Gesicht? Könnt sein, dass Omas Spiegel bricht. Dein Gesicht es ist so weiß, wie vom Uncle Ben der Reis.«

Fauchi: »Kasperle, Kasperle, ich habe leider keine Lust Dummheiten zu machen. Lass dir einmal von den Kindern erzählen, was heute schon alles passiert ist.«

Kasperle: »Na Kinder, was ist denn so Furchtbares passiert?«
(*Die Kinder erzählen ausführlich.*)
»Was? Er macht muh... und bläh... und googogogogogo ... und dann grunzt er auch noch wie ein Schwein? Das kann ich fast nicht glauben! Stimmt das auch alles, Kinder, was ihr mir da erzählt? (*Die Kinder reagieren.*) Dann müssen wir dem Drachen aber helfen, und ich weiß auch schon wie.
Drachen haben ganz furchtbare Angst vor Stürmen. Je stärker der Sturm, um so furchtbarer ist es für den Drachen. Und wisst ihr auch warum, Kinder? Ein starker Sturm kann jedes Feuer ausblasen, und darum können Drachen Stürme nicht lei-

den. Wir machen jetzt Folgendes, Kinder: Wir rufen den Drachen herein, und wenn er kommt, dann müsst ihr so fest blasen, wie ihr nur könnt. Es muss einen richtigen Sturm geben. Der Drache muss einen riesigen Schrecken bekommen. So groß muss der Schrecken sein, dass er anfängt zu schreien und zu brüllen. Das hilft sicherlich. Wollt ihr mir dabei helfen? (*Kinder reagieren.*) Dann rufen wir jetzt alle zusammen Flammenzung, und wenn er kommt, dann wisst ihr, was zu tun ist.«

Kasperle (*zusammen mit den Kindern*): »Flammenzung! Flammenzung! Kannst du einmal hereinkommen?«

Flammenzung: »Was gibt es denn so Wichtiges? Was soll dieses Geschrei?«

Kasperle: »Und jetzt Kinder, jetzt müsst ihr blasen, so fest ihr könnt.« (*Das Kasperle und die Kinder blasen einen richtigen Sturm herbei.*)

Flammenzung (*fängt an zu schreien*): »Ein Sturm, ein Sturm, der will mir mein Feuer wegblasen! Hilfe! Hilfe! Er bläst mir meinen Rauch weg! So helft mir doch!«

Kasperle: »Kinder, Kinder, ich glaube, das reicht. Der Drache hat so einen riesigen Schrecken bekommen. Ich glaube, er kann jetzt lauter brüllen als vorher. Flammenzung, der Sturm ist vorbei, kannst du einmal versuchen, so richtig laut zu brüllen?«

Flammenzung: »Ich kann es ja versuchen, aber ich weiß nicht so recht.«
(Der Drache beginnt zu brüllen, zuerst etwas zaghaft, dann aber immer lauter. Zum Schluss hört man dann ein richtig fürchterliches Drachenbrüllen.)
»Brrr! Brrr! Hurra, ich kann wieder brüllen! Es geht wieder, hurra, hurra, wie in meinen besten Zeiten klingt es! Brrr! Brrr! Kasperle, wie soll ich dir nur danken, du bist ein richtiger Teufelskerl.«

Kasperle: »Du musst auch den Kindern danken. Sie haben so fest geblasen, es war wie ein richtiger Sturm.«

Flammenzung: »Das kann man wohl sagen. Ich habe so einen Schrecken bekommen. Das muss ich gleich meinem Sohnemann erzählen.« *(Er ruft nach seinem Sohn Fauchi.)* »Sohnemann, Sohnemann, ich kann wieder brüllen! Es funktioniert wieder! Sohnemann!«

Fauchi *(kommt herein)*: »Ich habe es gehört Vater, der ganze Wald hat gezittert. Es war ein richtig furchtbares Drachengebrüll. Hat das Kasperle dir dabei geholfen? Sag schon, sag schon!«

Flammenzung: »Nur Geduld, Sohneman, ich werde dir alles erzählen.«

Fauchi: »Dann kannst du ja jetzt immer mit mir spielen.«

Flammenzung: »Aber natürlich, mein Sohn, wenn ich nicht gerade etwas sehr Wichtiges zu tun habe. Aber jetzt komm!«
(Die beiden gehen ab, der große Drache beginnt zu erzählen, die Stimme wird immer stiller.)

Kasperle: »Vielen Dank noch einmal, Kinder, dass ihr mir so geholfen habt. Wer weiß, wie diese Geschichte sonst ausgegangen wäre. Und bis zum nächsten Mal sage ich euch allen ʼAuf Wiedersehen!ʼ.«
(Vorhang)

Kasperle und das Schlossgespenst

Es spielen:
das Kasperle, König Kugelrund, Prinzessin Adelheid,
Raimund, das Schlossgespenst,
Gerard, der französische Koch des Königs,
2 kleine Mäuse, die Ratte Nagezahn

Bühnenbilder:
1. Szene: Vor dem Schloss des Königs
2. Szene: Im Rittersaal
3. Szene: Im Keller des königlichen Schlosses
4. Szene: Im Keller des königlichen Schlosses

Requisiten:
Rucksack für Kasperle, Telegramm für Kasperle,
Kochtöpfe oder Kochgeschirr für den Koch, 1 Käfig für den Geist,
1 Fliegenklatsche, 1 großes Stück Käse, 1 Wäscheklammer für das Kasperle

Inhaltsangabe:

Im Schloss von König Kugelrund herrscht große Aufregung. Raimund, das Schlossgespenst, ist spurlos verschwunden. Und ein Schloss ohne richtiges Gespenst ist doch kein Schloss. Das ist wie Pommes ohne Ketchup. König Kugelrund ist nur noch ein Nervenbündel und die Prinzessin ist ganz traurig. Das Gespenst wird im tiefsten königlichen Keller von der Ratte Nagezahn gefangen gehalten. Das Kasperle und die Kinder sind mutig genug, um in den Keller hinabzusteigen und das Gespenst zu befreien.

1. Szene: Vor dem Schloss des Königs

Das Kasperle ist auf dem Weg ins Schloss. Es hat ein Telegramm von der Prinzessin bekommen. Vor dem Schloss trifft es einen traurigen Koch.

Kasperle *(kommt singend herein):*
»Der kleine Fuchs Karl August
aß gerne Nougatcreme.
Sein Vater schimpfte täglich,
du solltest dich was schämen ... «
(Es sieht die Kinder und begrüßt sie.)
»Ach Hallo, Kinder, seid ihr auch alle da? Dann kann es ja losgehen. Wie ihr seht, bin ich auf dem Weg ins Schloss von König Kugelrund. Da oben scheint etwas passiert zu sein. Ich habe nämlich ein Telegramm von der Prinzessin bekommen. Soll ich es euch einmal vorlesen? Ja? Na dann hört einmal gut zu: ʾLiebes Kasperle – stopp – bitte komme sofort ins Schloss – stopp – wir brauchen deine Hilfe – stopp – es ist ganz extrem-wichtig – stopp – Prinzessin Adelheid – stopp.ʾ
Und wenn man das Kasperle ruft, dann kommt es natürlich sofort. Ich bin schon ganz neugierig, was da wirklich los ist. «
(Man hört im Hintergrund ein leises Schimpfen – zuerst leise, dann immer lauter.)
»Kinder hört ihr das auch? Da schimpft jemand wie ein Rohrspatz.«

Gerard *(der Koch kommt herein, behangen mit Kochtöpfen und Kochlöffel, er spricht mit französischem Akzent):*
»Mon dieux, das ist doch eine Frechheit, zwanzig Jahre lang nur das Beste gekocht und jetzt das. So eine Gemeinheit!« *(Der Koch stößt mit dem Kasperle zusammen.)*

Kasperle: »Hallo, hallo, haben Sie denn keine Augen im Kopf?«

Gerard: »Exküsemoa, ich habe Sie gar nicht gesehen. Bitte um Entschuldigung. Ich bin etwas durcheinander.«

Kasperle: »Aber sind Sie denn nicht der Koch des Königs? Was machen Sie denn hier, warum sind Sie nicht im Schloss?«

Gerard: »Gekündigt, entlassen, rausgeschmissen! Der König hat mich rausgeschmissen, nur weil das Frühstück ein wenig versalzen war. So etwas kann doch passieren. Sogar einem Künstler wie mir. Aber bei dieser Aufregung im Schloss ist eben alles möglich.«

Kasperle: »Seltsam, der König ist doch sonst nicht so streng.«

Gerard: »Ach, im Schloss geht alles drunter und drüber. Der König ist nur noch ein Nervenbündel. Seit das mit dem Gespenst passiert ist, ist er nicht mehr zum Aushalten. Er schimpft mit jedem, der ihm über den Weg läuft, das Essen schmeckt ihm nicht mehr.«

Aber na gut, dann gehe ich eben. Ich werde schon eine andere Arbeit finden, gehe ich eben zu McRonalds. Dann gibt es dort wenigstens einen, der kochen kann.« *(Er lässt den Kopf hängen.)*
»McRonalds, mon Dieux, wie ist es nur möglich, dass ein Koch wie ich so tief sinken kann. McRonalds ... ja, gibt es denn kein Erbarmen auf dieser Welt?«
(Er geht traurig ab.)

Kasperle: »Jetzt bin ich aber wirklich gespannt, was im Schloss passiert ist. Es muss irgendetwas mit dem Schlossgespenst sein. Habt ihr es auch gehört, Kinder? Hoffentlich komme ich nicht zu spät. Ihr kommt doch auch alle mit ins Schloss, Kinder? Na, dann los!« *(Vorhang)*

2. Szene:
Im Rittersaal des Königs Kugelrund

Im ganzen Schloss herrscht große Aufregung, denn Raimund, das Schlossgespenst, ist nach wie vor verschwunden – eine schwierige Aufgabe für das Kasperle.

König *(geht aufgeregt hin und her):* »Was mache ich nur? Was mache ich nur? Diese Aufregung – einfach furchtbar ... Ich kann nicht mehr richtig schlafen, nicht mehr richtig essen.« *(Er sieht die Kinder.)* »Ach, hallo, Kinder, ihr seid auch da? Kinder, Kinder, ich sage euch, es ist nicht einfach, ein König zu sein. Ich bin ja so verzweifelt, Kinder. Stellt euch vor: Raimund, unser Schlossgespenst, ist verschwunden, spurlos verschwunden. Seit ein paar Tagen hat es niemand mehr gesehen. Ist das nicht furchtbar? Ein Schloss ohne Gespenst, das ist wie Pommes ohne Ketchup oder Sauerkraut ohne Tirolerknödel. Was mache ich nur?«
(Er beginnt zu rufen.)
»Adelheid, Adelheid, mein Töchterchen, wo steckst du denn?«

Adelheid *(die Prinzessin erscheint):* »Da bin ich ja schon, Vater.«

König: »Und? Und? Gibt es etwas Neues? Irgendeine Spur?«

Adelheid: »Leider nein, Vater, das Gespenst ist und bleibt verschwunden. Ich habe mit den Dienern das ganze Schloss durchsucht. Nichts, einfach nichts.«

König: »Hast du dem Kasperle das Telegramm geschickt? Wenn uns einer helfen kann, dann ist es dieser Teufelskerl.«

Adelheid: »Er hat die Nachricht sicher schon bekommen, er müsste also jeden Augenblick hier sein.«

König: »Na hoffentlich. Er muss das Gespenst finden! Er muss!!«

Kasperle: »Hallo, alle miteinander, da bin ich schon.« *(Er verneigt sich.)* »Herr König Kugelrund, es ist mir eine Ehre. Prinzessin Adelheid, welch eine Freude ... Was gibt es denn so Wichtiges? Ich habe ein Telegramm erhalten.«

Adelheid: »Kasperle, stell dir vor, unser Schlossgespenst ist spurlos verschwunden.«

König: »Einfach fort, spurlos. Niemand weiß warum und wohin. Ich bin ganz verzweifelt. Sieh nur Kasperle, mein Bauch, das ist doch kein Bauch mehr. Vor lauter Aufregung habe ich keinen Hunger mehr.«

Kasperle: »Das ist schon sehr seltsam. Und ihr habt im ganzen Schloss gesucht?«

Adelheid: »Überall haben wir gesucht, in allen Zimmern und in allen Türmen, im Dachboden und in den Rumpelkammern. Nur ganz tief unten im Keller, da ...

da ... da haben wir ... wie soll ich nur sagen ...«

König: »Willst du damit sagen, dass man im Keller nicht gesucht hat? Ja warum denn das?«

Adelheid: »Aber du weißt doch, Vater, dort unten wohnt die furchtbare Ratte Nagezahn, da traut sich niemand hinunter. Auch Raimund ist niemals in den Keller hinunter gegangen. Alle haben doch furchtbare Angst vor der Ratte. Außer ... nun ja, der Koch ist manchmal in den Keller, um Wein zu holen.«

König: »Dann rufe man mir sofort den Koch. Der Koch, wo bleibt er denn nur?«

Adelheid: »Aber den hast du doch entlassen. Er ist nicht mehr im Schloss.«

König: »Dann muss man ihn sofort wieder einstellen.«

Kasperle: »Herr König?«

König: »Ja, Kasperle.«

Kasperle: »Ich traue mich auch in den Keller hinunter, ich nehme einfach die Kinder mit, dann ist es überhaupt kein Problem.«

Adelheid: »Ich glaube nicht, dass sich die Kinder in den tiefen Keller trauen. Sie kennen die Ratte Nagezahn doch nicht.«

Kasperle: »Papperlapapp, wir haben doch vor einem kleinen Mäuschen keine Angst. Nicht wahr, Kinder? Ihr kommt mit in den Keller?«

(Die Kinder antworten.) »Na also, das
wäre ja noch schöner.«

Adelheid: »Seid nur vorsichtig!« *(Sie gehen
alle ab. Vorhang)*

3. Szene:
Im Keller des königlichen Schlosses

Im Keller ist es furchtbar unheimlich, und
hier ist auch Raimund, gefangen in einem
Käfig. Zuerst hat das Kasperle gar keine
Angst von dem »Mäuschen Nagezahn« –
oder ist dies vielleicht gar nicht die furchtbare Ratte?

Raimund *(weinerlich, gefangen in einem
Käfig)*: »Huhuhuhu! Was bin ich nur für ein
trauriges Gespenst – huhuhu! Seit fünf
Tagen und fünf Nächten bin ich schon
gefangen. Eigentlich wollte ich gar nicht
in den Keller, aber ich bin ein sehr neugieriges Gespenst. Naja, und dann hat
mich die Ratte erwischt und in diesen
Käfig gesperrt. Huhuhu! Ich bin so traurig.
Hier unten im Keller wird mich wohl nie
jemand finden.«

*(Zwei kleine Mäuse kommen piepsend
herein und schnüffeln herum.)*

Mäuse: »Pspspspspsps«

Raimund: »Hallo, ihr zwei, hört ihr mich?«

1. Maus: »Natürlich hören wir dich, wir sind
ja nicht taub.«

2. Maus: »Was willst du denn von uns?«

Raimund: »Könnt ihr mich nicht aus dem
Käfig herauslassen?«

1. Maus: »Wie stellst du dir das vor? Das
geht doch nicht. Was glaubst du wohl,
was Nagezahn dazu sagen würde.«

2. Maus: »Dann würde es uns schlimm erge-
hen. Nein, nein, mit Nagezahn ist nicht zu
spaßen. Komm, Gerlinde, lass uns wieder
gehen – pspspspsps.«

(Die beiden Mäuse gehen ab.)

Raimund: »Schade, da muss ich wohl noch
länger hier unten bleiben. Huhuhu! Wenn
nur jemand kommen würde. Ich versuche, ein wenig zu schlafen.«

(Raimund schläft ein.)

Kasperle (*er spricht hinter der Bühne, man hört ihn eine Treppe steigen*): »Hier geht es wirklich tief hinunter. Dass sich hier niemand herunter traut, kann ich verstehen. Es ist so unheimlich hier.«

(*Man hört eine Türe quietschen, das Kasperle kommt herein.*) »So, da wären wir also, Kinder. Seid ihr auch alle noch da? Ihr dürft mich jetzt nicht allein lassen, ein bisschen Angst habe ich nämlich schon.« (*Er sieht sich ein wenig um und bemerkt das Gespenst.*) »Ach, da ist ja das Schlossgespenst – und gefangen in einem Käfig. Es scheint tief zu schlafen.«

(*Ein Mäuschen kommt piepsend herein.*)

Maus: »Pspspspsp... Was bist denn du für einer? Dich habe ich hier unten noch nie gesehen.«

Kasperle: »Ich bin das Kasperle und du? Jetzt sage nur, du bist die gefährliche Ratte Nagezahn, vor der alle solche Angst haben.« (*Das Kasperle beginnt zu lachen.*) »Die Ratte Nagezahn – hahahaha – ein winziges kleines Mäuschen ...«

Maus: »Lache nicht über mich. Vielleicht bin ich wirklich Nagezahn und vielleicht bin ich auch sehr gefährlich.«

Kasperle: »Du und gefährlich? Hahaha! Da wird ja der Hund in der Pfanne verrückt. Dich fang ich doch mit der linken Hand.«

Maus: »Dann versuche es einmal!«

Kasperle: »Nichts leichter als das.« (*Er versucht, das Mäuschen zu fangen. Die Maus ist aber viel zu schnell.*) »Na warte nur, na warte nur! Aber die ist ja schnell wie der Blitz, so erwische ich die nie. Aber jetzt pass einmal auf, ich bin gleich wieder da, nur nicht fortlaufen.«

(*Das Kasperle geht hinaus und kommt mit einer Fliegenklatsche wieder herein.*) »Und jetzt? Na, was sagst du jetzt? Jetzt geht es dir aber an den Kragen.«

(*Das Kasperle verfolgt wieder die Maus, erwischt sie aber nicht. Die Maus läuft von der Bühne; er geht zur Seite und ruft hinaus.*)

»Na, was ist los, komm doch, wenn du dich traust.« (*Man hört ein Piepsen.*) »Aha, da kommt sie wieder.«

(*Das Kasperle wartet mit der Fliegenklatsche, erschrickt, lässt die Klatsche fallen und geht langsam rückwärts.*)

»Aber, aber, das ist ... das ist ja ... Hilfe, Hilfe! Da kommt eine riesige Ratte! Nichts wie fort von hier!« (*Das Kasperle läuft hinaus, die Ratte Nagezahn erscheint.*)

Nagezahn: »Na? Na? Und jetzt?«

(*Sie ruft dem Kasperle nach.*)

»Was ist denn los, Zipfelmützler? Was willst du denn mit einer Fliegenklatsche? Hahahaha! Mit einer Fliegenklatsche will er die Ratte Nagezahn besiegen, dass ich nicht lache, hahahaha!«

4. Szene:
Im Keller des königlichen Schlosses

Das Kasperle hat vom Zauberer Krimoplax ein großes Stück Zauberkäse bekommen. Damit gelingt es, die Ratte Nagezahn zu besiegen, und Raimund, das Schlossgespenst, zu befreien.

(Das Gespenst sitzt im Käfig, das Kasperle kommt vorsichtig von der Seite herein, flüsternd.)

Kasperle: »Pst ... pst ... Hallo, Raimund, bist du wach?«

Raimund: »Ja, Kasperle, ich bin wach.«

Kasperle: »Hast du die Ratte Nagezahn gesehen?«

Raimund: »Die ist in einem Abflussrohr verschwunden, sie wird wohl irgendwo schlafen, aber sie kann jeden Moment wieder auftauchen. Du musst sehr vorsichtig sein.«

Kasperle: »Hör mir gut zu, Raimund! Ich habe vom Zauberer Krimoplax ein Stück Zauberkäse bekommen. Wenn Nagezahn daran knabbert, wird er sofort einschlafen. Es ist nämlich ein Schlafmittel im Käse. Du musst dir nur die Nase zuhalten, der Käse stinkt nämlich fürchterlich. Genauso, wie ihn Ratten lieben. Ich hole jetzt den Käse und du bist ganz ruhig.«

(Das Kasperle geht hinaus und kommt mit einem Käse zurück, eine Wäscheklammer an der Nase, er spricht nasal.)
»So, hier ist der Käse.«

Raimund: »Hoffentlich funktioniert das auch, der Käse stinkt wirklich fürchterlich.«

Kasperle: »Also Raimund, ich verstecke mich jetzt. Mal sehen, was passiert.«

Nagezahn *(kommt schnüffelnd herein):* »Was riecht denn da so hervorragend? Das duftet ja wie französisches Parfüm. Mir läuft schon das Wasser im Maul zusammen.«

(Er sieht den Käse.)
»Sieh mal einer an, ein Käse, ein wunderbar duftender Käse! Da muss ich gleich einmal hineinbeißen.«

(Die Ratte beißt hinein und schläft ein.)

Kasperle *(kommt aus seinem Versteck):* »Juhu! Es hat funktioniert, die Ratte schläft wie ein Murmeltier.

Raimund, lebst du noch? Du musst dir die Nase ganz fest zuhalten. Ich lass dich

jetzt aus dem Käfig heraus. Und dann nichts wie fort von hier, bevor Nagezahn wieder aufwacht.« *(Das Kasperle lässt das Schlossgespenst aus dem Käfig.)*

Raimund: »Danke, Kasperle, du bist schon ein Teufelskerl. Jetzt kann ich wieder durch das Schloss geistern. Und in den Keller gehe ich so schnell nicht wieder.«

Kasperle: »Das glaube ich dir, Raimund. Und jetzt gehen wir beide zum König und berichten ihm, dass alles wieder in Ordnung ist.

Und zu euch Kinder sagen wir für heute ʻAuf Wiedersehen' und ...«

(Absage und Vorhang)

Kasperle und das verschwundene Kätzchen

Es spielen:

das Kasperle, der Seppl, das Kätzchen Ruli,
der Bär, der Fuchs, die Hexe Lakmira,
der Zauberer Krimoplax, ein Huhn

Bühnenbilder:

1. Szene: In der Stube der Großmutter
2. Szene: Im großen Wald
3. Szene: Im großen Wald
4. Szene: Im Wald der Hexe Lakmira

Requisiten:

Hexenhaus, Hammer für das Kasperle,
Zauberstab für den Zauberer

Inhaltsangabe:

Das Kasperle hat einen neuen Spielgefährten bekommen, ein kleines weißes Kätzchen mit Namen Ruli. Vor dem Schlafengehen will Ruli immer eine Geschichte hören. Einmal erzählt das Kasperle dem Kätzchen eine Geschichte vom Zauberwald. Da Ruli ein sehr neugieriges Kätzchen ist, beschließt es, den Zauberwald zu suchen. Dabei trifft es die Hexe Lakmira. Ein weiteres Abenteuer für das Kasperle.

1. Szene: In der Stube der Großmutter

Das Kasperle erzählt seinem neuen Spielgefährten vor dem Mittagsschläfchen eine Geschichte. Ruli ist sehr neugierig und beschließt, ein Abenteuer zu wagen ...

Kasperle: »Hallo, Kinder, seid ihr alle da? Heute gibt es wieder eine neue Kasperle-Geschichte. Aber zuerst muss ich euch etwas Wichtiges sagen. Seit ein paar Tagen wohnt ein kleines Kätzchen bei uns. Es heißt Ruli. Vor dem Schlafengehen erzähle ich ihm immer eine Geschichte. Ihr müsst wissen, dass Ruli ein sehr neugieriges Kätzchen ist. Soll ich euch Ruli einmal vorstellen? Ja?«

(Kasperle ruft:) »Ruli, wo steckst du denn? Ruli, die Kinder wollen dich kennen lernen.« *(Das Kätzchen kommt schnurrend herein.)*

Ruli: »Miau! Miau!« *(Es schmiegt sich an das Kasperle.)* »Kasperle, erzählst du mir wieder eine Geschichte?«

Kasperle: »Ach Ruli, was bist du nur für eine Schmusekatze, natürlich erzähle ich dir eine Geschichte, aber zuerst musst du noch die vielen Kinder begrüßen.«

Ruli: »Miau! Miau! Hallo, Kinder! Ich bin Ruli, ich wohne seit ein paar Tagen beim Kasperle und bei der Großmutter. Hat jemand von euch auch ein Kätzchen zu Hause? Ja? Dann grüßt es recht herzlich von mir.

So, Kasperle, kannst du jetzt mit der Geschichte beginnen?«

Kasperle: »Einen Moment noch, Ruli. Wir warten noch auf den Seppl. Er muss gleich kommen. Du weißt ja, wie gerne der Seppl meine Geschichten hört. Aha! Ich höre ihn schon kommen.«

Seppl: »Hallo, Kasperle! Hallo, Ruli! Da bin ich. Was gibt es denn heute für eine Geschichte, Kasperle? Ich bin schon ganz neugierig.«

Kasperle: »Ihr werdet schon sehen. Also passt einmal gut auf! Heute erzähle ich euch eine Geschichte vom Zauberwald. Dort ist es wunderschön, Ruli. Da findest

du große Bäume zum Krallenwetzen und Blumen, die herrlich duften, und Füchse und Bären mit dickem Fell.«

Ruli: »Sind die Bären auch lieb zu kleinen Kätzchen?«

Bär: »Aber ja, Ruli. Auf den Bären kann man sogar reiten. In diesem Zauberwald wachsen Brekkies wie Pilze aus dem Boden und das Kitekat wächst auf den Bäumen und überall gibt es Pfützen mit warmer Milch. Einmal kam ein ...«

(Der Seppl schläft langsam ein und beginnt zu schnarchen.)

»... schönes rotes Kätzchen in den Zauberwald. Und dort traf es auf Benedikt, den Raben des Zauberers, und ... (das Kätzchen schläft ein) ... fragte ihn ...«

»Psst, Kinder, seht nur, jetzt sind die beiden eingeschlafen. Wir müssen ganz still sein, um sie nicht zu wecken. Ich gehe in die Küche und helfe der Großmutter. Also dann, Kinder, bis später.«

(Das Kasperle geht hinaus, das Kätzchen steht sofort wieder auf.)

Ruli: »Hihihi! Ich habe gar nicht geschlafen Kinder. Ich bin so aufgeregt, ich muss unbedingt diesen Zauberwald finden. Dort muss es wunderschön sein. Ich laufe sofort los, und bitte, sagt dem Kasperle nichts. Also dann, auf in den Zauberwald!« *(Ruli geht ab. Das Kasperle kommt herein.)*

Kasperle *(flüsternd):* »Hallo, Kinder, ich schaue nur schnell einmal nach, ob die beiden noch schlafen. Ah! Da liegt ja der Seppl. Aber ..., aber ..., wo ist denn das Kätzchen? Um Himmels willen! Kinder, wo ist denn das Kätzchen? Warum ist es nicht mehr hier?«

(Die Kinder beginnen zu erzählen.)

»Wie? Was sagt ihr da? In den Zauberwald? Aber, das war doch nur eine Geschichte! So einen Zauberwald gibt es doch nicht! Mein Gott, was mache ich denn nur?

Seppl, Seppl, wach auf! Aufwachen, Seppl! Ruli ist verschwunden!«

(Der Seppl wacht gähnend auf.)

Seppl: »Was ist denn? Warum lässt du mich denn nicht schlafen?«

Kasperle: »So höre doch, Seppl, das Kätzchen ist fortgelaufen und sucht den Zauberwald.«

Seppl: »Aber es kennt doch den Weg gar nicht. Zum Schluss läuft es noch in den Hexenwald.«

Kasperle: »Ich muss das Kätzchen sofort suchen. Ich laufe ihm sofort nach. Wo ist es denn hin, Kinder?«

(Die Kinder antworten.)

»Ah, da hinaus also, dann nichts wie hinterher.«

Seppl: »Muss ich da auch mitkommen, Kasperle?«

Kasperle: »Nein, nein, Seppl, bleib du nur hier. Ich nehme die Kinder mit, dann ist es nicht so gefährlich. Also Kinder, kommt! Wir müssen sofort hinter dem Kätzchen herlaufen. Es ist vielleicht schon im Wald.«

2. Szene: Im großen Wald

Das Kätzchen Ruli ist im Wald, aber es findet nirgends Wiskas-Sträucher und Brekkies-Pilze. Dafür trifft es den Bären und den Fuchs und – es trifft die Hexe Lakmira.

Ruli *(kommt neugierig herein):* »So, ich bin jetzt sicher im Zauberwald *(es sieht sich um)*, aber ich sehe nirgends Brekkies-Pilze oder Wiskas-Bäume. Vielleicht bin ich ja im falschen Wald.«

(Ein Bär kommt brummend herein.)

Bär *(mit tiefer Stimme):* »Brumm ... brumm ... brumm! Ich lauf im Wald herum.« *(Sieht das Kätzchen).* »Ach, sieh mal einer an, ein Kätzchen. Ja sag einmal, wo kommst denn du her?«

Ruli: »Ich komme aus Kasperhausen, ich bin das Kätzchen Ruli. Und du? Du bist sicher ein Bär.«

Bär: »Natürlich bin ich ein Bär. Das sieht man doch.«

Ruli: »Lieber Bär, kannst du dich einmal umdrehen?«

Bär: »Ich soll mich umdrehen? Na meinetwegen.«

(Der Bär dreht sich um, das Kätzchen springt auf den Bären und versucht auf ihm zu reiten.)

Ruli: »Hü hot, du großer brauner Bär, hü hot!«

Bär: »Was machst du denn auf meinem Rücken? Wirst du wohl heruntergehen? Was soll denn das?«

Ruli: »Aber das Kasperle hat gesagt, auf Bären kann man reiten.«

Bär: »Papperlapapp, das ist doch Unsinn! Da hat dir aber jemand einen Bären aufgebunden.«

Ruli: »Nein, Herr Bär, vom Aufbinden hat das Kasperle nichts gesagt.«

Bär: »Ach, mein kleines Kätzchen, du solltest lieber nach Hause gehen, ich muss jetzt weiter. Die Bienen haben mich zum Mittagessen eingeladen. Haha! Allerdings wissen die Bienen noch nichts davon.« *(Bär geht ab.)*

Ruli: »Ich bin anscheinend wirklich im falschen Wald gelandet. Aber ach, da

kommt ja schon wieder jemand.« *(Der Fuchs taucht auf.)*

Fuchs: »Hallo, Kumpel. Wie geht´s, wie steht´s? Siehst ein wenig blass aus, Kumpel. Was machst du denn hier im Wald? Du bist sicher keine Wildkatze.«

Ruli: »Eine Wildkatze bin ich nicht, ich bin mehr eine Schmusekatze. Und wer bist du?«

Fuchs: »Fuchs, mein Name. Ich bin der berühmte ›Schlaue Fuchs‹, habe aber leider keine Zeit für dich. Ich muss noch nach Grimmelshausen. Habe dort eine Verabredung mit einer dicken, fetten Gans. Und wenn ich nicht rechtzeitig komme, ist sie sicher beleidigt. Hihihi!« *(Fuchs geht ab.)*

Ruli: »Ich bin schon wieder alleine. Das Beste wird sein, ich gehe wieder nach Hause. Und dem Kasperle werde ich was erzählen, von wegen Zauberwald.«

Hexe *(kommt herein):* »Ei, ei, ei! Wer hat sich denn da in den großen Wald verirrt, ein liebes kleines Kätzchen? Es ist zwar etwas mager, nun ja ...«

Ruli: »Guten Tag, liebe Frau. Wohnst du auch hier im Wald?«

Hexe: »Jaja, ich wohne auch hier, ich bin ... Ich liebe Kätzchen, komm ein wenig her zu mir und lass dich streicheln.«

(Das Kätzchen kuschelt sich an die Hexe.)
»So ist es recht – und jetzt schnell einen Zauberspruch:

Schniebel, Schnabel, Katzenschwanz,
Hasenfuß und Ententanz,
Hühnermist und Haferbrei,
die Katze jetzt ein Hühnchen sei,
hex, hex!«

(Aus der Katze wird ein Huhn.)

Huhn: »Gogogoggogogo.«

Hexe: »Und jetzt komm mein Hühnchen, ab in den Hühnerstall. Hihihi!«

(Hexe ab)

3. Szene: Im großen Wald

Das Kasperle kann das Kätzchen Ruli nicht finden. Von den Kindern erfährt es, was passiert ist. Schließlich bittet es den Zauberer Krimoplax um Hilfe.

Kasperle *(kommt rufend herein):* »Ruli, Ruli, wo steckst du denn? Ruli! Ach, Kinder, ich kann das Kätzchen einfach nicht finden. Wisst ihr vielleicht, was mit Ruli passiert ist?« *(Die Kinder erzählen.)*

»Wie? Was? Die Hexe hat Ruli in ein Huhn verzaubert? Aber das kann sie doch nicht machen! Ruli kann doch keine Eier legen! Was mache ich nur?«

(Der Bär mit dickem Bauch kommt herein.)

Bär: »Brumm... brumm... brumm... Ich lauf' im Wald herum. Nanu, da ist ja einer, dich kenne ich ja gar nicht. Was machst denn du hier?«

Kasperle: »Ich bin das Kasperle aus Kasperhausen und ich suche mein Kätzchen, äh, ich meine, mein Huhn. Die Kinder haben mir nämlich alles erzählt und ...«

Bär: »Langsam, langsam!

Katze? Huhn? Ich verstehe nichts, ich komme gerade von den Bienen. Mein Bauch ist so voll, ich muss mich hinlegen, ich bin ja so müde. Katze ... Huhn ... Da soll sich einer auskennen.« *(Bär geht ab.)*

Kasperle: »Fort ist er, der konnte mir auch nicht helfen.«

(Fuchs kommt herein.)

Fuchs: »Hallo, Kumpel, wie geht's? Wie steht's? Ich komme gerade von einer Verabredung mit einer Gans.« *(Klopft sich auf seinen Bauch.)*

Kasperle: »Herr Fuchs, Herr Fuchs! Vielleicht können Sie mir helfen. Man weiß, was für ein schlaues Kerlchen sie sind.«

Fuchs: »Schlaues Kerlchen, schlaues Kerlchen ... jajaja ... du gefällst mir. Also, was ist denn los?«

Kasperle: »Die Hexe hat mein Kätzchen in ein Huhn verzaubert und jetzt weiß ich nicht, was ich machen soll. Vielleicht könntest du ...?«

Fuchs: »Die Hexe? Die Hexe Lakmira? Oh nein, da kann ich nichts machen. Mit Hexen lege ich mich nicht an. Tut mir leid. Aber warte einmal, das wäre doch eine Angelegenheit für den Zauberer Krimoplax. Der kann die Hexe nicht ausstehen, der hilft dir sicher. Ich muss jetzt zurück in meine Höhle. Ich muss meine Verabredung verdauen. Also dann, viel Glück, Kasperle!«

(Fuchs geht ab.)

Kasperle: »Der Zauberer Krimoplax, na ja, dann werde ich ihn einmal rufen. Kinder, helft mir doch, den Zauberer zu rufen. Also, alle gemeinsam: Krimoplax! Krimoplax!«

(Der Zauberer erscheint mit Rauch und Donner.)

Zauberer: »Wer ruft denn da nach mir? Um diese Zeit?«

Kasperle: »Ich bin's gewesen, Herr Zauberer, und die Kinder.«

Zauberer: »Und was willst du von mir?«

Kasperle: »Die Hexe Lakmira hat mein Kätzchen in ein Huhn verzaubert und du bist wohl der einzige, der mir helfen kann.«

Zauberer: »Die Hexe Lakmira, so so. Na, da helfe ich dir selbstverständlich. Ich habe mit der Hexe noch ein Hühnchen zu rupfen.«

Kasperle: »Nein, nein, rupfen musst du das Hühnchen nicht. Ich habe nämlich einen guten Plan. Ich werde ihn dir auf dem Weg zur Hexe erzählen. Und die Kinder nehmen wir alle mit.«

Zauberer: »Natürlich, die kommen alle mit. Also dann, erzähle mir deinen Plan.«
(Alle gehen ab, das Kasperle erzählend.)

4. Szene: Im Wald der Hexe Lakmira

Gemeinsam mit dem Zauberer gelingt es, das Kätzchen zu retten.

(Zauberer und Kasperle kommen herein.)

Zauberer: »So, da wären wir, hier steht das Haus der Hexe Lakmira und hinter dem Haus ist der Hühnerstall. Dort wird wohl das Huhn sein. Ich verstecke mich hier und du machst genau das, was wir besprochen haben.«

Kasperle: »Ich hoffe nur, der Plan gelingt uns auch.«
(Der Zauberer versteckt sich in einer Ecke, das Kasperle geht zum Hexenhaus und beginnt zu rufen.) »Hallo, Hallo! Ist da jemand?«

Hexe *(kommt heraus):* »Wer stört mich da mitten am Tag, ich wollte gerade ein Schläfchen machen. Was willst du von mir?«

Kasperle: »Guten Tag, ich bin ein armer Handwerksbursche und suche Arbeit. Haben sie vielleicht etwas zu reparieren, oder sonst irgendeine Arbeit für mich?«

Hexe: »Oh ja, wenn du geschickt bist, kann ich dich schon brauchen. Das Dach müsste geflickt werden. Eine Leiter steht hinter dem Haus. Wenn du fertig bist, bekommst du auch etwas von mir. Hihihi!«

Kasperle: »Das ist aber nett von Ihnen. Dann mache ich mich jetzt an die Arbeit. Sie können ruhig Ihr Mittagsschläfchen halten. Wenn ich fertig bin, wecke ich Sie.« *(Kasperle geht ab.)*

Hexe: »Der dumme Kerl repariert doch tatsächlich das Dach. Wenn er damit fertig ist, bekommt er von mir einen Tritt in den Hintern, oder aber ich verzaubere ihn in einen Regenwurm und füttere damit das Huhn. Aber vorerst werde ich ein Schläfchen machen. Hihihi, was bin ich nur für eine schlaue und böse Hexe.«

(Hexe geht ab, bald darauf hört man sie schnarchen.)

Kasperle *(taucht wieder und spricht leise):* »Ich habe alles gehört, du dumme Hexe, du. Wir werden schon sehen, wer zuletzt lacht. Krimoplax, Krimoplax, der Plan scheint zu klappen.«

(Krimoplax kommt aus der Ecke.)

Krimoplax: »Es hat ausgezeichnet funktioniert, Kasperle. Jetzt schleichst du dich hinter das Hexenhaus und bringst das Huhn. Aber sei vorsichtig! Die Alte darf nichts hören.«

(Das Kasperle schleicht hinters Hexenhaus und kommt mit dem Huhn wieder herein.)

Kasperle: »Da bin ich wieder, Krimoplax, mach bitte schnell!«

Krimoplax: »Ich sage nur noch schnell den Zauberspruch auf, dann lauft ihr so schnell ihr könnt.
Weißes Huhn, spitz deine Ohren,
denn es ist noch nichts verloren.
Krötenschleim und Echsengalle,
Hühnerbein und Gürtelschnalle.
Bärendreck und Löwentatze,
Huhn, sei wieder eine Katze!«

(Rauch und Donner, Ruli erscheint wieder.)

Kasperle: »Da bist du ja wieder, mein kleiner Ruli!«

Ruli: »Kasperle, du hier? Was machst denn du hier? Wo sind wir denn eigentlich? Ich kann mich an nichts mehr erinnern.«

Krimoplax: »Schluss jetzt! Ihr müsst sofort verschwinden! Ich verstecke mich hier hinter den Bäumen und warte, bis die Hexe aufwacht. Die wird sich ärgern, und das lasse ich mir nicht entgehen. Also dann. Kommt gut nach Hause!«

Ruli: »Kasperle, ich muss noch ein ernstes Wörtchen mit dir reden.«

Kasperle: »Ja, ja, Ruli, das kannst du dann zu Hause. Jetzt nichts wie weg von hier.«

(Absage an die Kinder, beide gehen ab.)

Kasperle und der Leberkäsdieb

Es spielen:
das Kasperle, der Seppl,
der Metzgerlehrling Poldi,
der Metzgermeister Wurstinger,
die Hexe Lakmira Langhals,
die Großmutter,
ein Huhn, ein Esel

Bühnenbilder:
1. Szene: Im Wald der Lakmira Langhals
2. Szene: Vor dem Haus der Großmutter
3. Szene: Im Wald der Lakmira Langhals

Inhaltsangabe:

Der Metzgermeister Wurstinger aus Stöpselhausen macht weit und breit den besten Leberkäse. Natürlich liefert er den Leberkäse auch nach Kasperhausen. Die Straße führt allerdings durch den Wald der Hexe Lakmira Langhals. Und so wie jeden Mittwoch macht sich Wurstingers Sohn, der Metzgerlehrling Poldi, mit einer großen Ladung Leberkäse auf den Weg nach Kasperhausen. Poldi kommt jedoch nicht in Kasperhausen an. Der Lehrling bleibt mitsamt dem Leberkäse verschwunden. Eine neue Aufgabe für das Kasperle und seinen Freund Seppl.

1. Szene: Im Wald der Hexe Lakmira

Der Metzgerlehrling Poldi Wurstinger ist mit einer Ladung Leberkäse auf dem Weg nach Kasperhausen. Dabei muss er durch den Wald der Hexe Lakmira Langhals, und die ist ganz verrückt nach Leberkäse. Poldi fällt in eine Grube und wird schließlich von der Hexe Lakmira gefangen.

Poldi (*kommt herein mit Rucksack und Kopfhörern und singt vor sich hin*):
»Dadadada ... bum ... bum ... bum ... dududu ... Maschendrahtzaun ... in the morning ... dududu ...« (*Er sieht die Kinder.*) »Ja, hallo, Kinder! Ihr seid hier? Wie geht's euch denn? Wie? Ach ja, ich habe ja den Kopfhörer auf, da kann ich euch natürlich nicht hören. Moment mal!« (*Er nimmt den Kopfhörer ab.*)
»So, jetzt ist es besser. Übrigens, ich heiße Poldi, Poldi Wurstinger und bin Metzgerlehrling. Mein Vater ist der Metzgermeister Wurstinger. Er ist also gleichzeitig mein Chef und mein Vater. Nun ja, das kann seine Vorteile haben, aber auch seine Nachteile. Der größte Vorteil ist, dass ich so viel Leberkäse essen kann, wie ich will. Und da ich Leberkäse sehr gern habe, ist das natürlich gut so. Ein großer Nachteil ist allerdings, dass wir immer zusammen sind und dass mein Vater meine Musik nicht mag. Darum muss ich immer Kopfhörer tragen. Ich höre am liebsten Bibi Blocksberg, Benjamin Blümchen oder Pipi Langstrumpf oder eben Maschendrahtzaun. In der Metzgerei läuft immer Papas Lieblingsmusik: die Kastelruter Spatzen, Hansi Hinterseer oder die Fidelen Mölltaler. Ich finde diese Musik furchtbar, aber mein Vater behauptet, bei dieser Musik liesse sich besser schlachten, weil Schweine und Kühe von dieser Musik ganz automatisch betäubt werden. Na ja, und noch bestimmt eben mein Vater, welche Musik in der Schlachtstube spielt. Aber jetzt muss ich weiter, Kinder. Ich habe nämlich noch eine Ladung Leberkäse nach Kasperhausen zu bringen, und da muss ich durch diesen Wald. Manchmal habe ich etwas Angst, denn dies ist der Wald der Hexe Lakmira Langhals, und mit der ist nicht zu spaßen. Also dann, Kinder, vielleicht sehen wir uns wieder.« (*Er beginnt wieder zu singen.*) »Maschendrahtzaun ...«
(*Und fällt schreiend in eine Grube.*)
»Wo bin ich denn jetzt? Hilfe, hilfe.' Ich bin in eine Grube gefallen! Hört mich denn keiner?«

Hexe Lakmira: »Hihihi! Natürlich hört dich einer, nämlich ich, die Hexe Lakmira.«
(*Sie schaut in die Grube.*)
»Jetzt wollen wir einmal sehen, wen wir denn heute gefangen haben. Sieh mal

einer an, ein kleiner Weißkittel. Ja, wer bist denn du?«

Poldi: »Ich heiße Poldi Wurstinger, bin Metzgerlehrling und … bitte … bitte, ich will hier heraus. Ich muss nämlich noch nach Kasperhausen.«

Hexe Lakmira: »So, so, du musst nach Kasperhausen.«

(Sie beginnt zu schnüffeln.)

»Aber Moment einmal – rieche ich denn da nicht … aber natürlich … ich rieche Leberkäse, frisch duftenden Leberkäse. Hast du vielleicht Leberkäse bei dir?«

Poldi: »Aber ja, der ganze Rucksack ist voll. Ich muss ihn nach Kasperhausen bringen.«

Hexe Lakmira: »Hihihi! Nach Kasperhausen, so, so. Das ist aber gar nicht so einfach, oder?«

Poldi: »Bitte, lass mich heraus, ich gebe dir dafür ein Stückchen vom Leberkäse. Einverstanden?«

Hexe Lakmira: »Hihihi! Eine gute Idee. Reiche mir zuerst den Rucksack herauf und dann lasse ich dir eine Leiter hinunter.«

Poldi: »Großes Ehrenwort?«

Hexe Lakmira: »Großes Hexenehrenwort!!! Hihihi!«

Poldi: »Na gut.« *(Er reicht ihr den Rucksack.)* »Hier ist mein Rucksack mit dem Leberkäse und jetzt bitte die Leiter. Du hast es versprochen.«

Hexe Lakmira: »Versprochen ist versprochen. Ich hole die Leiter. Hier ist die Leiter, siehst du sie? Also.«

(Die Hexe holt eine Leiter und lässt die Leiter in die Grube hinunter. Während Poldi aber aus der Grube klettert, schiebt die Hexe schnell einen großen Käfig über das Loch, so dass Poldi direkt in den Käfig hineinklettert.)

Poldi: »Das ist sehr nett von dir, gleich habe ich es geschafft.«

(Er sieht sich im Käfig um.)

»Wo bin ich denn hier? Was ist denn jetzt los? Hilfe! Ich bin in einem Käfig eingesperrt, ich will hier heraus! Du bist gemein, du hast versprochen, mich aus der Grube zu lassen.«

Hexe Lakmira: »Das bist du auch! Und hör endlich auf zu jammern!«

Poldi *(jammert weiter)*: »Ich will hier raus, ich will nach Hause!«

Hexe Lakmira: »Dieses Gejammer geht mir langsam auf die Nerven. Ich werde den Kerl einfach verhexen:

Hexe, Hexe, Krötenschleim,
der Kerl soll eine Henne sein.
Eins und eins und eins ist drei,
er legt mir jeden Tag ein Ei.
Hexe, Hexe, Spinnenbein,
ach, was bin ich doch gemein.«

(Unter Donner und Rauch wird aus Poldi ein Huhn.)

Poldi-Huhn: »Gogogogogog... gogogo...«

Hexe Lakmira: »So, das wär's, und damit du es weißt, morgen zum Frühstück will ich ein Ei. Also streng dich gefälligst an. Und jetzt gehe ich in mein Hexenhaus und lasse mir den Leberkäse schmecken. Hihihi! So wahr ich Hexe Lakmira Langhals heiße ...«

Poldi-Huhn: »Gogogogogog... gogogo...«

2. Szene: Vor dem Haus der Großmutter

Das Kasperle und der Seppl haben gerade Holz gesägt und warten auf den Leberkäse. Als die Großmutter ohne Leberkäse kommt, herrscht große Aufregung. Eine Jause ohne Leberkäse – das lässt sich das Kasperle nicht gefallen. Es muss sofort in den Hexenwald.

(Es liegen einige Holzstämme herum, ein Hackstock mit Axt. Das Kasperle und der Seppl sprechen hinter der Bühne.)

Kasperle: »So, Seppl, nun noch der letzte und der schwerste Stamm. Da heißt es nochmals in die Hände spucken und fest zupacken. Bist du soweit?«

Seppl: »Ich war noch nie weiter.«

Kasperle: »In die Hände gespuckt?«

Seppl: »Und wie.«

Kasperle: »Also dann ... und ... hopp ...« *(Man hört beide stöhnen.)* »Hast du ihn?«

Kasperle: »Dann komm, aber langsam, nicht dass er uns auf die Zehen donnert.«

Seppl: »Nicht so schnell, immer schön langsam.« *(Die beiden erscheinen mit einem großen Baumstamm, schleppen ihn auf die Bühne und legen ihn unter großem Stöhnen ab.)*

Kasperle: »Das wäre geschafft. Jetzt müssen wir ihn nur noch zersägen. Seppl, hol bitte die ganz große Säge.«

Seppl *(geht hinaus und kommt mit einer Säge zurück):* »Groß genug?«

Kasperle: »Groß genug.«

Seppl: »Du, Kasperle?«

Kasperle: »Was gibt's denn, Seppl?«

Seppl: »Wäre es nicht besser, wir machen erst eine Pause? Die Großmutter muss gleich mit dem Leberkäse kommen.«

Kasperle: »Eine gute Idee, Seppl. Ich habe nämlich schon einen richtigen Hunger.«

Seppl: »Da kommt Großmutter bereits.«

Großmutter *(kommt aufgeregt schnaufend herein):* »Seppl, Kasperle, ach, ich bin

ganz außer Atem! Ich muss mich zuerst einmal hinsetzen und ein wenig verschnaufen.«

Kasperle: »Großmutter, was ist denn los?«

Großmutter: »Kasperle, Seppl, ich habe leider eine traurige Nachricht für euch.«

Seppl: »Da bin ich aber gespannt.«

Großmutter: »Stellt euch vor, heute gibt es keine Leberkäsesemmel. Der Metzgerlehrling Poldi Wurstinger ist mitsamt dem Leberkäse spurlos verschwunden. Er ist zwar in Stöpseldorf losmarschiert, aber er ist nicht in Kasperhausen angekommen.«

Kasperle: »Aber das ist ja furchtbar! Das würde heißen, dass heute ganz Kasperhausen ohne Leberkäse bleibt?«

Seppl: »Aber das geht doch nicht, das bringt das ganze Dorf durcheinander – ein ganzes Dorf ohne Leberkäse! Das ist schlimmer als ein ganzes Land ohne Regierung. Was machen wir jetzt bloß?«

Kasperle: »Ja, weiß man denn etwas Genaueres?«

Großmutter: »Man hat noch gesehen, wie der Poldi in den Hexenwald hinein ist, aber heraus ist er nicht mehr gekommen. Vielleicht wissen die Kinder mehr von dieser Sache.«

Kasperle: »Sagt einmal, Kinder, wisst ihr denn etwas Genaueres?« *(Die Kinder klären das Kasperle schließlich auf, Frage- und Antwortspiel mit den Kindern.)*

»Die Hexe Lakmira also, das können wir uns nicht gefallen lassen. Ich muss sofort in den Hexenwald, und du Seppl kommst natürlich mit.«

Seppl: »In den Hexenwald? Ich soll mit in den Hexenwald?«

Kasperle: »Du wirst doch nicht etwa Angst haben? Wir nehmen doch die Kinder mit.«

Seppl: »Angst habe ich keine ... Ich ... ich ... sollte eigentlich zum Frisör – und zwar dringend.«

Kasperle: »Was heißt da Frisör? Wir beide gehen jetzt in den Hexenwald und damit basta. Also, komm!«

(Beide gehen ab.)

Großmutter *(ruft ihnen nach)*: »Und seid vorsichtig, mit der Hexe Lakmira ist nicht zu spaßen.«

3. Szene: Im Wald der Hexe Lakmira

Der Metzgermeister Wurstinger sucht nach seinem Sohn Poldi und wird selbst verhext. Mit Hilfe der Kinder kann das Kasperle die Hexe überlisten. Schlussendlich sind wieder alle zufrieden – auch die Hexe.

Wurstinger *(mit blutverschmiertem Kittel und Schlachtermesser; in einer Ecke das Huhn im Käfig):*
»Sohnemann! Sohnemann! Wo steckst du denn? Poldi! Poldi! So gib mir doch Antwort, Poldi.« *(zu den Kindern)*

»Ach Kinder, ich suche schon seit zwei Stunden nach meinem Sohnemann. Er soll hier im Hexenwald verschwunden sein – und mit ihm der ganze Leberkäse.«

Huhn: »Gogogogogog ... gogogogog ...«

Wurstinger *(geht näher an den Käfig heran):* »Was ist denn das? Ein Huhn in einem Käfig?«

(Die Kinder versuchen ihn aufzuklären.) »Wie Kinder? Was erzählt ihr da? In dem Käfig soll er sein? Da müsst ihr euch irren, Kinder, in dem Käfig sitzt nur ein dummes weißes Huhn.«

Huhn: »Gogogogogog ... gogogogog ...«

Wurstinger: »Aber was schreist du denn so, du dummes Huhn! Du weißt wohl nicht, wer ich bin. Ich bin nämlich ein Metzger! Das könnte gefährlich für dich werden.«

Huhn: »Gogogogogog ... gogogogog ...«

(Der Metzger geht hin und her und fällt dann auch in die Grube.)

Wurstinger: »Hilfe! Hilfe! Ich bin in ein Loch gefallen! Hilfe, holt mich hier heraus!«

(Die Hexe Langhals kommt herein und schaut in das Loch.)

Hexe Lakmira: »Hihihi! Da ist wieder einer in die Grube gefallen. Nun sieh mal einer an, dieses Mal ist es ein großer Weißkittel. Was machst denn du da unten? Suchst du vielleicht Regenwürmer?«

Wurstinger: »Hilfe, lass mich hier raus! Lass mich hier raus! Hilfe!!«

Hexe Lakmira: »Wieder so ein Schreihals, na warte, Weißkittel, ich lass dir eine Leiter hinunter und dann kannst du herauskommen.« *(Die Hexe holt wieder die Leiter, der Metzger steigt langsam heraus und wieder in einen Käfig hinein.)*

Wurstinger: »Wo bin ich denn jetzt gelandet?« *(Er beginnt zu schreien.)* »Rauslassen! Ich will raus aus diesem Käfig! Rauslassen!«

Hexe Lakmira *(beginnt zu hexen):*
»Hexe, Hexe, Krötenschleim,
der Kerl soll jetzt ein Esel sein.
Er kann mit seinen langen Ohren
nicht in seiner Nase bohren.
Lakmira hat jetzt viel zu tun,
Esel, spricht nun mit dem Huhn!«
(Die Hexe geht ab; Huhn und Esel beginnen ein Gespräch.)

Huhn: »Gogogogogogog«

Esel: »Ia ia ia ia«

Huhn: »Gogogogogogog«

Esel: »Ia ia ia ia«

(Kasperle und Seppl kommen von der Seite herein.)

Kasperle: »Keine Spur von Poldi, es ist wie verhext.«

Seppl: »Also hier im Hexenwald ist er sicher nicht, sonst hätten wir ihn doch gefunden.«

Kasperle *(bemerkt die beiden Käfige):* »Sieh nur, Seppl, hier stehen zwei Käfige.«

(Sie gehen näher hin und schauen interessiert hinein.)

Seppl: »Ein Huhn und ein Esel. Das soll nun einer verstehen.«

(Huhn und Esel beginnen wie verrückt zu schreien.)

Kasperle: »Nana, ihr beiden, was soll denn dieses Geschrei?«

Seppl: »Du Kasperle, ich glaube, die Kinder wollen uns etwas erzählen.«

(Die Kinder beginnen zu erzählen und klären das Kasperle auf.)

Kasperle: »Und ihr seid auch ganz sicher, dass es sich hier um den Poldi und seinen Vater handelt?«

Seppl: »Und was jetzt, Kasperle? Die Kinder haben sicher die Wahrheit gesagt. Wir müssen etwas unternehmen, bevor die Hexe wieder zurückkommt.«

Kasperle: »Ich weiß auch schon, was. Wir müssen die Käfige ein wenig verschieben und die Grube decken wir mit Laub und mit Ästen zu. Komm, Seppl, hilf mir!«

(Die beiden verschieben ein wenig die Käfige und legen Äste und Laub über die Grube.)

Seppl: »Und, Kasperle, was jetzt?«

Kasperle: »Wir verstecken uns hinter einem Gebüsch und warten. Du wirst gleich sehen, was dann passiert, Seppl.«

(Die beiden verstecken sich; die Hexe kommt herein.)

Hexe Lakmira: »Hihihi! Mal sehen, wie es meinen beiden Gefangenen geht.«

(Sie stockt.) »Nanu? Hier stimmt doch etwas nicht, die Käfige waren doch vorher mehr auf dieser Seite! Seltsam ...«

(Sie beginnt die Käfige zurückzuschieben und fällt dabei selbst in die Grube.)

»Zum Kuckuck noch mal, jetzt bin ich in meine eigene Grube gefallen. Den Zauberstab habe ich auch nicht dabei. Wie komme ich hier nur wieder heraus?«

(Sie versucht herauszuklettern; man sieht manchmal ein Stückchen Kopf oder den Hut, aber sie fällt immer wieder in die Grube hinein.) »Hilfe! Hört mich denn niemand? Ich will hier heraus!«

(Das Kasperle und der Seppl kommen aus ihrem Versteck hervor.)

Kasperle *(sieht in die Grube hinunter):* »Hallo, Lakmira! Na, wie fühlt man sich denn in der eigenen Grube?«

Hexe Lakmira: »Sei nicht so frech, Zipfelmützler, und hol mir sofort eine Leiter!«

Seppl: »Das könnte dir so passen.« *(Beginnt mit der Hexe zu schimpfen.)*

»Aber sag einmal, was fällt dir denn eigentlich ein? Ganz Kasperhausen ohne Leberkäse – das Dorf ist in heller Aufregung!«

Hexe Lakmira *(etwas weinerlich):* »Aber ich kann doch nichts dafür. Immer wenn ich Leberkäse rieche, werde ich schwach.«

Seppl: »Die Kinder haben uns erzählt, was du alles angestellt hast.«

Hexe Lakmira: »Wenn ihr mich hier herauslasst, mache ich alles wieder gut, großes Hexenehrenwort.«

Kasperle: »Na gut, wir wollen dir dieses Mal glauben. Warte, ich reiche dir meine Hand und helfe dir heraus.«

(Das Kasperle bückt sich über die Grube und holt die Hexe heraus.)

»So, und jetzt will ich einen schönen Zauberspruch hören. Na, wird's bald ...«

Hexe Lakmira:

»Hexe, Hexe, Schlangenbein,
das Huhn soll wieder Poldi sein.
Hexe, Hexe, schwarzer Kater.
Der Esel sei wieder sein Vater.«

(Donner und Rauch)

Kasperle: »Und nun die beiden noch aus den Käfigen, und dann wäre alles wieder gut.«

(Das Kasperle hilft den beiden aus den Käfigen heraus.)

Poldi: »Hurra, Hurra, endlich wieder frei!«

Wurstinger: »Sohnemann, Sohnemann! Komm in meine Arme.«

(Die beiden umarmen sich.)

Seppl: »Kasperle, willst du denn die Hexe nicht ein wenig bestrafen?«

Kasperle: »Natürlich Seppl, eine kleine Strafe muss sein, sonst treibt sie schon morgen wieder Unfug.« *(Zu Lakmira)*

»Also, Lakmira, hör mir gut zu. Als Strafe für deine Zaubereien wirst du eine Woche lang dem Metzgermeister Wurstinger in der Metzgerei helfen.«

Poldi: »Und wenn ich den Leberkäse nach Kasperhausen liefere, muss die Hexe auch mitkommen.«

Hexe Lakmira: »Ja, da bin ich einverstanden. Ich werde mich auch bessern.«

Kasperle: »Und wir nehmen noch den restlichen Leberkäse mit ins Dorf und lassen es uns gut schmecken. Bis zum nächsten Mal, liebe Kinder!«

(Absage und Vorhang)

Kasperle und der traurige Löwe

Es spielen:
das Kasperle, Frau Fink,
Herr Kohlmeisl, Herr Sulzenbacher,
der Zirkusdirektor,
ein Löwe, ein Affe, ein Esel, ein Krokodil

Bühnenbilder:
1. Szene: In der Stadt
2. Szene: In der Stadt
3. Szene: Vor dem Zirkuszelt

Requisiten:
1 Peitsche (Stock) für den Zirkusdirektor,
1 Scheibe Wurst für den Zirkusdirektor,
1 Käfig für den Zirkusdirektor,
Einkaufskorb für Frau Fink, Zeitung für Herrn Kohlmeisl,
verschiedene Lebensmittel für die Tiere

Inhaltsangabe:

Als in Kasperhausen plötzlich ein Löwe auftaucht, ist die Aufregung riesengroß. Alle Menschen fürchten sich und verstecken sich in ihren Häusern. Dann tauchen auch noch andere Tiere auf: ein Affe, ein Esel – ja sogar ein Krokodil läuft durch Kasperhausen. Aber wo kommen denn diese Tiere alle her? Bald schon stellt sich heraus, dass es sich um sehr zahme und brave Tiere handelt. Und sie bitten das Kasperle um Hilfe. Warum wohl?

1. Szene: In der Stadt

Frau Fink, Herr Kohlmeisl und Herr Sulzenbacher sind in großer Aufregung. Einbrecher in Kasperhausen? Als plötzlich ein richtiger Löwe auftaucht, ist der Teufel los! Frau Fink fällt in Ohnmacht, die beiden Herren flüchten schreiend.

(Frau Fink und Herr Kohlmeisl kommen schwatzend auf die Bühne.)

Kohlmeisl: »Und dann sind die Einbrecher durch das Garagen-Fenster in den Keller. Es ist nicht zu glauben – durch so ein kleines Fenster.«

Frau Fink *(in heller Aufregung):* »Mein Gott, durchs Fenster. Nein, so etwas, das ist ja furchtbar, ja und dann? Und dann? So erzählen Sie doch weiter, Herr Kohlmeisl.«

Kohlmeisl: »Schön langsam, Frau Fink, schön langsam! Und von der Garage sind sie dann in den Keller.«

Frau Fink: »In den Keller? Ach, wie furchtbar!«

Kohlmeisl: »Im Keller haben sie dann anscheinend die ganze Nacht gegessen und getrunken. Das ganze Eingemachte, die Marmelade, die Äpfel, die Würste, die ganze Gefriertruhe – alles leer, sogar das Katzenfutter. Alles verschwunden, einfach weg. Es fehlen sogar zwei Kisten Bier.«

Frau Fink *(schlägt die Hände zusammen):* »Mein Gott, mein Gott, nein, so etwas, und das in Kasperhausen! So etwas passiert doch meistens irgendwo anders. Ach, wie furchtbar! Das muss ich sofort Heideggers Marlies erzählen.«

(Sie will gehen, stößt aber mit Herrn Sulzenbacher zusammen.)

»Herr Sulzenbacher, Herr Sulzenbacher, haben Sie schon gehört?«

Sulzenbacher: »Langsam, langsam. Was ist denn passiert?«

Frau Fink *(in heller Aufregung, sie bringt alles durcheinander):*

»Herr Sulzenbacher, ein Einbruch, ein schrecklicher Einbruch! Zuerst ist die Marmelade durch das Garagen-Fenster und dann hat die Gefriertruhe mit den Äpfeln ... und die Würste sind im Keller ... Nein, wie furchtbar! Ich bringe alles durcheinander. Mein Gott, was bin ich nur aufgeregt!«

Sulzenbacher: »Nur mit der Ruhe, Frau Fink. Vielleicht zuerst ein Schnäpschen gefällig?«

Frau Fink: »Ich brauch jetzt keinen Schnaps, ich muss zuerst zu Heideggers Marlies.«

(Sie stürmt hinaus, kommt aber sofort wieder rückwärts herein, sie stottert.)

»Herr Su... Su... Herr Su... Su... da ... da ... da ... kommt ...«

Kohlmeisl: »Ja was ist denn mit Ihnen los, Frau Fink? Sie sind ja ganz weiß im Gesicht!«

Frau Fink: »Da … da … da … dada kommt ein Lööööwe!«

Sulzenbacher; »Ein Löwe? Ein Löwe?« *(Er beginnt zu lachen.)* »Ein Löwe, hahah! Das wird wohl nur ein größeres Kätzchen sein, aber sicher kein Löwe.«

(Von der Seite kommt der Löwe herein.)

Kohlmeisl: »Ein Löwe, ein Löwe! Rette sich, wer kann!« *(Er läuft hinaus.)*

Frau Fink: »Ich glaube … ich glaube … ich falle in Ohnmacht.« *(Sie fällt um.)*

Sulzenbacher *(er zieht Frau Fink mit hinaus)*: »Sie redet zwar oft viel, aber als Löwenfutter kann ich sie hier auch nicht liegen lassen.« *(Beide gehen ab.)*

Löwe *(traurig)*: »Jetzt sind wieder alle fortgelaufen. Es ist immer dasselbe. Ich tue ihnen doch nichts. Ich bin doch ein ganz braver und zahmer Löwe. Ich will

niemanden erschrecken. Alle glauben immer, ich wäre so furchtbar wild, aber das stimmt nicht. Ich will doch nur mir und den anderen Tieren vom Zirkus helfen. Gibt es denn niemanden, der uns armen Tieren helfen kann?« *(Der Löwe geht traurig ab.)*

2. Szene: In der Stadt

Auch das Kasperle ist ganz aufgeregt – ein Löwe in Kasperhausen? Soll er mit dem Löwen reden? Dann tauchen auch noch andere Tiere auf: ein Affe, ein Esel, sogar ein Krokodil. Das Kasperle erfährt eine recht traurige Geschichte.

Kasperle *(kommt ganz aufgeregt auf die Bühne)*: »Kinder, Kinder, habt ihr gehört? Ein Löwe soll in Kasperhausen sein. Ist das auch wahr? Uiuiui, was macht man denn nun mit einem Löwen? Stellt euch nur vor, die Frau Fink liegt im Krankenhaus – Nervenzusammenbruch! Der Herr Kohlmeisl hat sich im Keller eingesperrt. Ich muss etwas unternehmen. Aber was mache ich nur, wenn es ein ganz furchtbar böser Löwe ist?«

(Die Kinder klären das Kasperle auf.)

»Was sagt ihr da, Kinder? Es ist ein ganz zahmer und braver Löwe? Also, ich weiß nicht.«

(Der Löwe kommt leise knurrend herein.)

Löwe: »Brrr! Brrr!« *(Er knurrt wie ein Löwe.)*

Kasperle: »Uiuiuiui, das ist aber ein riesiger Kerl! Wenn der einem in den Hintern beißt, braucht man ein großes Heftpflaster. Aber ich probier`s einmal.«
(Er geht vorsichtig auf den Löwen zu.)
»Du, hallo, Löwe! Wie geht`s?«

Löwe *(brüllt ein wenig lauter; das Kasperle läuft etwas zurück):*
»Brrr! Brrr!«

Kasperle: »Na was denn? Na was denn? Die Kinder haben gesagt, dass du ein ganz braver Löwe bist. Ist das auch wahr?«

Löwe: »Natürlich ist es wahr, die Kinder haben schon recht. Aber leider glauben alle Menschen immer, dass Löwen so gefährlich sind. Die meisten Leute kennen uns Löwen ja nur aus dem Zoo, vom Zirkus oder aus dem Fernsehen. Und wenn sie uns dann einmal auf der Straße sehen, dann ...«

Kasperle: »Aber du kannst doch nicht einfach hier in Kasperhausen herumlaufen, das wirst du doch verstehen, oder?«

Löwe: »Das verstehe ich, aber wir sind doch nur auf der Suche nach jemandem, der uns helfen kann. Und wir haben gedacht, dass vielleicht hier in Kasperhausen jemand ist, der ...«

Kasperle: »Du sagst immer 'wir'. Gibt es denn noch andere Tiere hier?«

Löwe: »Eine ganze Menge gibt es von uns, die anderen haben sich nur versteckt. Aber wenn du willst, kann ich sie einmal rufen.«

Kasperle; »Wenn sie auch alle so brav sind wie du, dann können sie ruhig aus ihren Verstecken hervorkommen.«

Löwe: »Na gut, dann rufe ich sie jetzt. Fips! Camillo! Balthasar! Ihr könnt aus euren Verstecken kommen! Ich glaube, ich habe jemanden gefunden, der uns helfen kann.«

(Ein Affe mit Bierflasche schreiend, ein Esel mit Marmeladenglas und ein Krokodil mit Wurst erscheinen auf der Bühne.)

Kasperle: »Ja, ist das denn möglich? Jetzt bleibt mir die Spucke weg.«

Löwe: »Darf ich vorstellen: Fips der Affe, Camillo der Esel und Balthasar das Krokodil. Alles Freunde von mir und alles ganz brave, zahme Tiere.«

Kasperle: »Willkommen in Kasperhausen! Aber wartet einmal, die Marmelade, die Wurst … Dann seid ihr das gewesen, die den Keller ausgeräumt haben? Das könnt ihr doch nicht machen?«

Fips: »Alles kann man machen, wenn man will, und außerdem haben wir einen großen Hunger gehabt.«

Krokodil: »Einen riesengroßen Hunger, und im Zirkus gibt es nicht immer genug zu fressen.«

Esel: »Ia-ia-ia! Und der Zirkusdirektor hat eine große Peitsche.«

Löwe: »Darum sind wir alle fortgelaufen, und wenn es im Zirkus nicht besser wird, dann gehen wir auch nicht mehr zurück.«

Kasperle: »Jetzt verstehe ich. Ihr seid dem Zirkusdirektor davongelaufen, weil er euch schlecht behandelt. Aber da muss man doch irgendetwas unternehmen.«

Krokodil: »Soll das heißen, dass du uns helfen willst?«

Kasperle: »Natürlich. Das Kasperle ist immer hilfsbereit. Mir wird schon etwas einfallen. Ihr müsst mir aber alle helfen, alleine schaffe ich es nicht.«

Esel: »Ia-ia-ia! Du kannst auf uns zählen.«

Fips: »Richtig. Man muss sich nämlich nicht immer alles gefallen lassen.«

Kasperle: »Dann kommt einmal näher her, ich habe da so eine Idee.«
(Die Tiere rücken nahe zusammen und beginnen zu flüstern.)

3. Szene: Vor dem Zirkuszelt

Das Kasperle trifft den Zirkusdirektor, der verzweifelt nach seinen Tieren sucht. Es ist aber gar nicht so einfach, den Herrn Direktor zu überzeugen. Schließlich gibt es doch eine Lösung und die Tiere sind zufrieden.

Zirkusdirektor *(kommt laut rufend herein; er hat eine Peitsche bei sich):*
»Fips! Camillo! Balthasar! Wo steckt ihr denn nur? Wehe, wenn ich euch erwische, dann könnt ihr was erleben! Kommt endlich aus euren Verstecken heraus oder es gibt wieder die Peitsche! Ich kann heute die Zirkusvorstellung nicht schon wieder ausfallen lassen, es sind so viele Kinder da! Fips, Balthasar! Wo seid Ihr?«

Kasperle *(kommt singend herein):*
»Ich geh' so gern ins Zirkuszelt,
Zirkuszelt, Zirkuszelt,
denn das ist eine schöne Welt.«
(Es sieht den Zirkusdirektor.)
»Grüß Gott, Herr Zirkusdirektor, hat die Vorstellung schon angefangen?«

Zirkusdirektor: »Nichts hat angefangen, es gibt wohl wieder keine Vorstellung. Es ist zum Aus-der-Haut-Fahren!«

Kasperle: »Aber was ist denn los?«

Zirkusdirektor: »Wie soll ich denn eine Vorstellung machen, wenn keine Tiere da sind. Sie sind mir wieder davongelaufen. Aber wartet nur! Wenn ich euch erwische, dann gibt es nur noch die Hälfte zum Fressen!«

Kasperle: »Herr Zirkusdirektor, kann ich Ihnen vielleicht helfen, die Tiere wieder einzufangen?«

Zirkusdirektor: »Wie willst du das denn machen?«

Kasperle: »Ich habe da so eine Idee. Passen sie einmal gut auf!« *(Er geht hinaus und kommt mit einem Käfig zurück.)* »Ich habe hier rein zufällig einen Käfig dabei, und mit diesem Käfig können wir die Tiere wieder einfangen.«

Zirkusdirektor: »Und wie bitte soll das gehen?«

Kasperle: »Mit einer Wurst natürlich, das ist doch ganz logisch oder?«

Zirkusdirektor: »Mit einer Wurst?«

Kasperle: »Natürlich, mit einer Wurst. Ich zeige es Ihnen. Sie nehmen jetzt die Wurst und legen sie in den Käfig hinein.« *(Der Zirkusdirektor geht mit der Wurst in den Käfig; das Kasperle verschließt den Käfig.)* »Ich mache dann den Käfig einfach zu, und zack ... ist ein Tier gefangen.«

Zirkusdirektor *(im Käfig):* »Das ist eine ausgezeichnete Idee. Aber wie komme ich jetzt wieder heraus?«

Kasperle: »Lassen Sie mich einmal nachdenken. – Gar nicht mehr?«

Zirkusdirektor: »Was heißt hier 'gar nicht mehr'? Ich will sofort wieder heraus, haben sie gehört?«

Kasperle *(das Kasperle schimpft jetzt in den Käfig hinein):* »Ja, was fällt Ihnen denn überhaupt ein? Sie ... Sie ... Sie ..., die Tiere so zu behandeln! Sie bleiben jetzt in dem Käfig und zwar für die nächsten dreitausend Jahre. So behandelt man keine Tiere. Ich weiß über alles Bescheid, die Tiere haben mir alles erzählt.« *(Ruft nach draußen:)* »Fips, Camillo, Balthasar! Ihr könnt jetzt hereinkommen!« *(Löwe, Affe, Esel und Krokodil kommen auf die Bühne.)*

Fips: »Gefangen, gefangen, wie eine Maus in einem Käfig. Man muss sich nämlich nicht immer alles gefallen lassen.«

Löwe: »Na, Herr Zirkusdirektor, wie gefällt es Ihnen in so einem engen Käfig?«

Zirkusdirektor: »Ich will hier heraus! Lasst mich sofort heraus, dann könnt ihr was erleben!«

Krokodil: »Kasperle, wenn du mich in den Käfig hineinlässt, dann gibt es vielleicht bald keinen Zirkusdirektor mehr, ich habe nämlich schon wieder Hunger.«

Zirkusdirektor *(schreit aus dem Käfig):* »Nein, nicht hineinlassen, nicht hineinlassen!«

Kasperle: »Halt, halt, so geht das natürlich auch nicht. Wir müssen eine andere Lösung finden. Einen Zirkusdirektor braucht es schon, sonst gibt es ja auch keinen Zirkus. Wir müssen das auf andere Art regeln.«

Fips *(ruft dazwischen):* »Regeln muss man das schon.«

Zirkusdirektor: »Ich tue alles, was ihr von mir verlangt, aber lasst mich bitte endlich aus dem Käfig heraus!«

Kasperle: »So, so, du versprichst also, dich zu bessern. Zuerst einmal musst du deine Peitsche vergraben, aber so, dass sie niemand mehr finden kann.«

Zirkusdirektor: »Meine Peitsche? Aber was mache ich denn ohne meine Peitsche? Dann folgen mir die Tiere ja nicht mehr. Aber gut, wenn es sein muss.«

Kasperle: »Und in Zukunft bekommen alle Tiere dreimal täglich etwas zu essen, und zwar soviel sie wollen. Einverstanden?«

Fips: »Und nicht immer nur Bananen, es kann auch einmal etwas Anderes sein.«

Zirkusdirektor: »Na gut, meinetwegen, ich verspreche es. Ist das jetzt alles?«

Kasperle: »Nein, da wäre noch etwas. Da es im Winter keine Zirkusvorstellungen gibt, dürfen alle Tiere auf Urlaub in ihre Heimat, also nach Afrika oder nach Indien oder nach Oberammergau.«

Zirkusdirektor: »Versprochen ist versprochen. Aber jetzt lasst mich endlich heraus!« *(Das Kasperle lässt den Zirkusdirektor aus dem Käfig.)*

Kasperle: »Und jetzt gibt es noch eine richtig schöne Zirkusvorstellung.«

Löwe: »Und wir werden uns heute besondere Mühe geben.«

Fips: »Natürlich, eine Sondervorstellung für das Kasperle und die Kinder.«

Krokodil: »Na dann, auf geht`s in den Zirkus.« *(Vorhang)*

Kasperl-Theater

Kasperle und der Ostereierdieb

Es spielen:
das Kasperle, die Gretl,
Bodo, Osterhase Nr. 212,
der furchtbare Räuberhauptmann Struk,
die Hexe Lakmira Langhals, der Rabe Pankraz

Bühnenbilder:
1. Szene: Im Garten der Großmutter
2. Szene: Im Wald der Hexe Lakmira
3. Szene: Im Wald des Räuberhauptmanns Struk

Requisiten:
1 Korb mit Ostereiern,
1 großer Sack für den Räuberhauptmann,
einige bemalte Ostereier,
ein toter Wurm für den Raben Pankraz,
Zauberkessel, 1 Flasche für den Zaubertrank

Inhaltsangabe:

Das Kasperle und die Gretl haben sich schon so sehr auf Ostern gefreut, ganz besonders auf das Ostereiersuchen. Doch dieses Jahr ist alles anders. Ein Eierdieb ist unterwegs. In ganz Kasperhausen sind die bunten Ostereier verschwunden. Und dieses Mal macht das Kasperle etwas ganz Verrücktes. Er bittet die Hexe Lakmira um Hilfe. Gemeinsam gelingt es ihnen, den Ostereierdieb zu überlisten.

1. Szene: Garten der Großmutter

Vorsichtig schleicht der Osterhase Bodo herein und versteckt die Eier im Garten. Doch dann taucht der Räuberhauptmann Struk auf. Die Kinder berichten, was passiert ist. Das Kasperle hat eine ganz verrückte Idee.

(Der Osterhase kommt vorsichtig auf die Bühne, er trägt einen Korb mit Eiern, ein Ei hält er in der Hand.)

Bodo: »Psst, Kinder, psst, nicht so laut. Habt ihr vielleicht das Kasperle oder die Gretl gesehen? Nicht? Psst, Kinder, ihr müsst jetzt ganz still sein, damit mich niemand überrascht, wenn ich die Ostereier verstecke. Übrigens, darf ich mich vorstellen? Ich heiße Bodo, ich bin der Osterhase Nr. 212, zuständig für Stöpsldorf, Kasperhausen und Umgebung. Und mein Chef, der Oberosterhase hat den Auftrag gegeben, heute den ganzen Tag und die ganze Nacht durchzuarbeiten, damit am Ostersonntag alle Kinder ihre Ostereier bekommen. Da gibt es viel zu tun, aber das wisst ihr sicher auch alle. So, jetzt noch schnell das letzte Ei hinter diesen Strauch legen und dann ab in den nächsten Garten. Und Kinder, wenn ihr morgen dann die Eier findet, dann denkt ein wenig an mich. Ich wünsche euch auf jeden Fall jetzt schon

frohe Ostern und bis zum nächsten Jahr. Tschüss und Auf Wiedersehen.«

(Der Osterhase geht ab; in einer Ecke erscheint der Räuber Struk, er hat einen Sack bei sich.)

Struk *(kommt hereingeschlichen):* »Hahaha! Da bin ich wieder, ich, der furchtbare Räuberhauptmann Struck mit meinem Räubersack. Der Sack ist so schwer und schon fast voll mit Ostereiern. Ha, ha, ha! Ich bin nämlich hinter dem Osterhasen her, er versteckt die Eier und ich stehle sie wieder. Ach, sieh mal einer an, da sind ja Kinder, was macht ihr denn hier? Dass mir ja keiner auf die Idee kommt, mich zu verraten. Sonst kracht´s, hahahahaha! Manchmal ist es richtig lustig, ein Räuber zu sein. Ah, da liegt ja ein Ei. So, das wär´s, und jetzt schnell in den Räuberwald. Ich liebe Ostern. Hahaha!« *(Räuber ab.)*

(Das Kasperle und die Gretl kommen herein.)

Kasperle: »Du, Gretl, freust du dich auch so auf Ostern und auf die vielen bunten Eier?«

Gretl: »Aber Ja, Kasperle, am liebsten würde ich jetzt schon nach den Eiern suchen. Sieh nur, Kasperle, die Kinder sind auch da.«

Kasperle: »Hallo Kinder, wie geht´s? Wie steht´s? Was gibt es Neues?«

(Die Kinder beginnen zu erzählen.)

Gretl: »Hast du gehört, Kasperle, hast du gehört? Mein Gott!«

(Sie beginnt zu schluchzen.)

»Wenn der Räuber wirklich hier war und die Eier gestohlen hat. Kasperle, so unternimm doch etwas!«

(Sie geht nervös hin und her und weint.)

Kasperle: »Jetzt beruhige dich zuerst einmal, Gretl, kommt her!« *(Er umarmt sie.)* »Mir wird schon etwas einfallen.«

Gretl: »Aber wenn der Räuber die Eier hat, freiwillig gibt er sie nie heraus. Du weißt ja, wie wild der Struk an Feiertagen ist. Zu Weihnachten und zu Ostern ist er ganz besonders wild. Dort räubert er doch alles, was ihm in die Hände gerät.«

Kasperle: »Da hast du schon recht, Gretl. An Feiertagen benimmt er sich so wie alle anderen Leute auch, er wird verrückt. Aber das mit den Eiern geht natürlich nicht. Ostern ohne Eier – das wäre wie ... wie ... Weihnachten ohne Christbaum oder Bibi Blocksberg ohne Kartoffelbrei.«

Gretl: »Aber es ist doch schon bald Ostern, viel Zeit bleibt uns nicht mehr. Wir sollten nicht soviel reden, sondern etwas unternehmen.«

Kasperle: »Und ich weiß auch schon, was.«

Gretl: »Ja, Kasperle, und das wäre?«

Kasperle: »Ich bitte die Hexe Lakmira um Hilfe.«

Gretl: »Die Hexe Lakmira? Warum sollte uns gerade die Hexe helfen? Sie ist doch sonst nicht so hilfsbereit.«

Kasperle: »Wenn es um den Räuberhauptmann Struk geht, dann glaube ich schon. Erinnerst du dich noch an die Geschichte mit dem vertauschten Hexenbesen?«

Gretl: »Als die Hexe damit fliegen wollte – und dann ... Hahahaha! Die musst du den Kindern erzählen, Kasperle.«

Kasperle: »Also stellt euch vor, Kinder, der Räuberhauptmann Struk hat der Hexe Lakmira den Zauberbesen gestohlen. Also, gestohlen kann man nicht sagen, er hat ihn gegen einen normalen Besen ausgetauscht. Die Hexe steigt also mit dem Besen aufs Dach – von dort fliegt sie

nämlich immer weg. Sie klemmt sich den Besen zwischen die Beine und ruft `Hexenbesen flieg', nimmt einen Satz und – landet auf dem Misthaufen.

Ja, Kinder, kopfüber auf dem Misthaufen. Sie hat geschrieen und geschimpft, und Struk, der Räuberhauptmann, saß hinter einem Strauch und hat sich fast totgelacht. Na ja, und seitdem ist sie auf den Struk nicht mehr gut zu sprechen. Und darum glaube ich, dass sie uns sofort helfen wird.«

Gretl: »Da hast du sicher recht, Kasperle, aber in den Hexenwald möchte ich nicht mitkommen. Vielleicht kannst du die Kinder mitnehmen.«

Kasperle: »Das ist eine gute Idee, Gretl.« – »Kinder, ihr kommt doch mit in den Hexenwald? Ja? Na dann, auf in den Hexenwald!«

(Kasperle ab.)

Gretl: »Und pass gut auf dich auf, Kasperle!«

2. Szene: Im Wald der Hexe Lakmira

Das Kasperle geht in den Hexenwald. Als Lakmira die Geschichte von dem gemeinen Eierdieb hört, ist sie nicht mehr zu bremsen.

(Auf der Bühne steht ein dampfender Zauberkessel, Lakmira braut gerade einen Zaubertrank.)

Lakmira: »Schlangengift und Krötenschleim,
Hühnerdreck und saurer Wein,
Schneckenfüße, Echsengalle,
Bratkartoffel, Gürtelschnalle,
alles in den Topf und jetzt
wird wieder einmal neu gehext,
hex, hex!« *(Sie beginnt zu rufen.)*
»Pankraz, Pankraz, wo steckst du denn? Du großer dummer Vogel, bringe mir endlich einen Wurm.«

Pankraz *(im Schnabel einen Wurm)*:
»Kräh ... kräh ... Bin schon da, Lakmira, bin schon da. Es ist nicht so leicht, einen Wurm zu finden, selbst für einen Raben.«

Lakmira: »Ach, hör auf, dich dauernd zu beschweren, und wirf den Wurm in den Zauberkessel. So, und jetzt noch etwas umrühren. Und dann brauche ich jemanden, der den Zaubertrank probiert.«

Pankraz: »Kräh ... kräh ... nicht schon wieder ich, Lakmira, kräh ... Immer muss ich herhalten für deine Zaubertränke. Beim letzten Mal sind mir Gummibären aus den Ohren gewachsen, und gestern war ich nicht mehr schwarz sondern lila, ein lila Rabe, kräh ... Immer bin ich der Dumme.«

Lakmira: »Einer muss immer der Dumme sein. Und jetzt bist es eben du.«

Pankraz: »Aber ich will nicht, kräh ... ich will nicht! Gibt es denn sonst niemanden, der den Zaubertrank probieren könnte?«

(Das Kasperle kommt hereingestürmt.)

Kasperle: »Zaubertrank? Habe ich eben das Wort ›Zaubertrank‹ gehört?«

Lakmira: »Sieh mal einer an, wer kommt denn da? Der Zipfelmützler aus Kasperhausen. Kasperle, was führt denn dich in den Hexenwald?«

Kasperle *(außer Atem):* »Lakmira, um es kurz zu machen, du musst mir helfen. Wenn du mir nicht hilfst, gibt es heuer in Kasperhausen keine richtigen Ostern.«

Lakmira: »Keine richtigen Ostern? Wie denn das?«

Kasperle: »Es gibt da jemanden, der durch die Dörfer zieht und alle Ostereier stiehlt. Und jetzt darfst du dreimal raten, wer es sein könnte?«

Pankraz *(kräht dazwischen):* »Ich will auch mitraten, ich will auch mitraten, kräh... «

Lakmira: »Ach, halte deinen Schnabel. Ich soll also raten ... Ist es vielleicht der Zauberer Krimoplax?«

Kasperle: »Nein, der ist es nicht.«

Lakmira: »Dann ist es vielleicht der Koch des Königs, der ist auch immer auf der Suche nach Eiern, um seinen königlichen Gugelhupf zu backen.«

Kasperle: »Nein, Lakmira, der Koch ist es auch nicht.«

Lakmira: »Aber dann bleibt nur noch einer übrig.«

Kasperle: »So ist es.«

Lakmira: »Du meinst also, ›ER‹ ist es?«

Kasperle: »Natürlich ist es ›er‹. Die Kinder haben ihn auch gesehen.«

Pankraz: »Kann mir vielleicht jemand erklären, was hier los ist?«

Lakmira: »Habe ich nicht gesagt, du sollst deinen Schnabel halten? Verschwinde jetzt endlich oder ich steck dich in den Zauberkessel.«

(Pankraz flüchtet von der Bühne.)

Pankraz: »Nicht in den Kessel, kräh... Ich verschwinde ja schon.«

Lakmira: »Er ist es also, Räuberhauptmann Struk. Dem Kerl habe ich zu verdanken, dass ich auf dem Misthaufen gelandet bin. Ich habe tagelang gestunken wie ein Jauchefass.« *(Sie beginnt zu schreien.)* »Wo steckt er denn, dieser Kerl? Wo denn nur?«

Kasperle: »Langsam, Lakmira, beruhige dich. Du hilfst mir also?«

Lakmira: »Natürlich helfe ich dir. Ich werde es diesem Kerl schon heimzahlen.«

Kasperle: »Und wie willst du das machen?«

Lakmira: »Hihihihi! Ich habe mir schon etwas ausgedacht. Ich habe nämlich einen neuen Zaubertrank gemischt, und mit dem richtigen Hexenspruch wird der Kerl eine Überraschung erleben. Hihihi!«

Kasperle: »Da bin ich aber neugierig.«

Lakmira: »Ich nehme noch schnell ein Fläschchen von dem Zaubertrank mit, und dann wirst du sehen, Kasperle, ein wunderbarer Plan. Und richtige Ostern wird es heuer auch wieder geben.«

Kasperle: »Dann komm, Lakmira, auf in den Räuberwald.«

(Die Hexe holt das Fläschchen aus dem Hexenhaus, beide gehen ab.)

3. Szene:
Im Wald des Räuberhauptmanns Struk

Noch ahnt der Räuber Struk nichts. Die Hexe Lakmira ist kaum zu halten. Struk kann dem 'Fläschchen Zaubertrank' nicht widerstehen und erlebt eine große Überraschung.

(Vor der Räuberhöhle; Struk kommt mit einem großen Sack herein.)

Struk: »So, wieder eine Ladung Ostereier. Hahahaha! Was bin ich nur für ein furchtbar wilder Räuber. Die Räuberhöhle ist schon ganz voll. Viel hat nicht mehr Platz, aber in Kasperhausen sind nur noch ein paar Eier übrig und die hole ich auch noch. Aber zuerst bringe ich den Sack noch in die Höhle, und dann zurück nach Kasperhausen. Hahahaha!«

(Singend)

»Ich bin der Räuberhauptmann Struk,
beim Räubern hab ich immer Gluck.
Ach, was bin ich wild und schlau,
bin der Ostereierklau!
Hahahaha!«

(Er geht in die Höhle.)

Kasperle *(schaut von der anderen Seite herein):* »Psst – hallo, Kinder, ihr müsst jetzt ganz still sein. Wisst ihr vielleicht, wo der Räuber steckt? Aha, er ist in der Höhle. Na gut, die Lakmira ist schon fuchsteufelswild. Am liebsten würde sie sich gleich auf den Räuber stürzen.«

Lakmira *(kommt schreiend herein):* »Wo steckt er nur, wo steckt er nur? Heraus mit dir, Struk! Ich schneide dir den Bart ab!«

Kasperle *(hält die Hexe zurück):* »Langsam, Lakmira, langsam. Beherrsche dich ein wenig, sonst geht alles noch schief.«

Lakmira: »Wenn ich den in die Finger kriege!«

Kasperle: »Du stellst dich jetzt in die Ecke und lässt mich machen. Hast du das Fläschchen mit dem Zaubertrank dabei?«

Lakmira: »Natürlich.«

Kasperle: »Dann kann es losgehen.« *(Er ruft:)* »Struk, Herr Räuberhauptmann Struk!«

Struk *(kommt aus seiner Höhle):* »Wer ist denn da? Aha, das Kasperle und die Hexe Lakmira. Da heißt es vorsichtig sein. Lakmira, willst du vielleicht wieder einen Besen von mir?«

Lakmira *(stürmt vor):* »Lass ihn mir, lass ihn mir.«

Kasperle *(hält die Hexe zurück):* »Beruhige dich wieder und marsch, zurück in die Ecke!«

Struk: »Und? Was wollt ihr eigentlich hier?«

Kasperle: »Wir sind auf der Suche nach einem Ostereierdieb. Weißt du, wo die ganzen gestohlenen Ostereier sind?«

Struk: »Gestohlene Ostereier? Davon weiß ich nichts.«

Kasperle: »Bist du auch ganz sicher?«

Struk: »Natürlich bin ich sicher, was soll ich denn mit Ostereiern. Ich feiere niemals Ostern und darum brauche ich auch keine Eier. Und jetzt verschwindet aus meinem Wald, bevor ich richtig wild werde.«

Kasperle: »Na, dann kann man nichts machen. Komm, Lakmira, wir gehen wieder nach Hause. Der Struk weiß von nichts. Hast du vielleicht noch einen guten Schluck Schnaps für den Rückweg, Lakmira?«

Lakmira: »Ein ganz besonderes Schnäpschen habe ich heute dabei.«

Struk: »Wie? Was? Habe ich eben ‚Schnaps' gehört? Die Lakmira hat ein Fläschchen mit Schnaps dabei?«

Lakmira: »Ein ausgezeichnetes Tröpfchen. Willst du ihn mir abkaufen? Hihihihi!«

Kasperle: »Aber Lakmira, du kannst doch dem Räuber Struk keinen Schnaps verkaufen, dann wird er ja noch wilder.«

Struk *(schiebt das Kasperle auf die Seite):* »Auf die Seite, Zipfelmützler, das ist eine Angelegenheit zwischen mir und der Lakmira. Kann ich einmal probieren, nur ein winzig kleines Schlückchen.«

Lakmira: »Aber gern, Struk. Hier, probiere einmal.« *(Sie gibt ihm das Fläschchen, der Räuber läuft zur Seite und trinkt alles aus.)*

Struk: »Hahahaha! Reingelegt, Lakmira, ich habe alles ausgetrunken. Aber ... aber ... warum wird mir so komisch?«

Lakmira: »Und jetzt noch schnell den Hexenspruch:
»Hexenblut und Fichtenwurz,
nasse Windel-Kinderfurz.
Eins und eins und eins sind drei,
der Struk ein Osterhase sei, hex, hex!«
(Aus dem Räuber Struk wird ein Osterhase.)

Kasperle *(lachend):* »Es hat geklappt, Lakmira. Ausgezeichnet, ein Räuber als Osterhase!«

Hase: »Grüß Gott miteinander und Frohe Ostern. Frohe Ostern, ihr lieben braven Kinder. Frohe Ostern, Kasperle, frohe Ostern, Lakmira. Darf ich mich vorstellen, Struk

mein Name, Osterhase Nr. 422. Ich habe leider keine Zeit. Mein ganzes Nest ist voll mit Eiern, und die muss ich heute noch alle verstecken.«
(Er geht in die Höhle.)

Kasperle: »Also Lakmira, ich muss schon sagen, dieser Zaubertrank ist einmalig. Du bist wirklich eine verrückte Hexe.«

Lakmira: »Darauf bin ich auch stolz. Sieh mal, da kommt unser Osterhase wieder.«
(Struk-Hase kommt herein mit Korb und Eiern.)

Hase: »Da bin ich wieder und jetzt ab nach Kasperhausen.« *(Singend:)*
»Ach, wie ist es schön und fein,
ein richtiger Osterhas' zu sein.« *(Hase ab.)*

Kasperle: »Und ich muss auch zurück nach Kasperhausen. Diese Geschichte muss ich unbedingt der Gretl erzählen. Und zu euch, Kinder, sage ich 'Bis zum nächsten Mal'.«
(Absage und Vorhang)

Kasperle und der Riese Ottwick

Es spielen:
das Kasperle, der Gemeindeausrufer, Frau Sulz,
Herr Fink, Herr Ringsgwandl, der Polizist,
der Riese Ottwick, der Doktor Guck ins Loch, der Koch

Bühnenbilder:
1. Szene: Stadtkulisse
2. Szene: Landschaft mit Landstraße
3. Szene: Stadtkulisse
4. Szene: Stadtkulisse

Requisiten:
Schreiben des Bürgermeisters für den Ausrufer,
Wegweiser »Kasperhausen«,
eine große Salami und ein großes Schwarzbrot,
Geräte für den Doktor wie Hammer, Stethoskop usw.
Brille für den Riesen, großes Brotzeitpaket (Sack)

Inhaltsangabe:
Eines Morgens geht in Kasperhausen alles drunter und drüber. Ein Riese soll sich auf dem Weg ins Dorf befinden. Der Bürgermeister muss natürlich dringend zu einer Sitzung, der Dorfpolizist fühlt sich auch nicht zuständig. Die Menschen fürchten sich vor dem Riesen, denn noch wissen sie nicht, dass es sich um einen ganz braven und lieben Riesen handelt, der sogar ein Problem hat. Nur das Kasperle hat keine Angst vor dem großen Mann – und versucht ihm sogar zu helfen.

1. Szene: Stadtkulisse

In der Stadt herrscht große Aufregung. Ein Riese soll auf dem Weg nach Kasperhausen sein. Es werden Vorkehrungen getroffen.

Ausrufer *(kommt mit einem Schreiben herein, Trommelwirbel):* »Bürger von Kasperhausen! Bitte herhören! Alles bitte herhören! Eine wichtige Information unseres geschätzten Herrn Bürgermeisters Dodlmayr.«
(Es tauchen auf: Frau Sulz, Herr Fink, Herr Ringsgwandl, die Großmutter. Sie reden durcheinander.)

Frau Sulz: »Eine Information des Bürgermeisters? Warum denn, wieso denn?«

Herr Fink: »Das ist aber eine Überraschung! Er hat doch sonst das ganze Jahr nichts zu sagen.«

Herr Ringsgwandl: »Er wird doch nicht etwa seinen Rücktritt bekannt geben? So eine Freude kann er uns doch gar nicht bereiten.«

Ausrufer: »Ich bitte endlich um Ruhe!«
(Er ruft laut.) »Ruhe sage ich, Ruhe! Na also! Der Bürgermeister gibt bekannt, dass sich ein bisher unbekannter Riese auf dem Weg nach Kasperhausen befindet. Er soll bereits in Stöpsldorf und in Schlaubnitz gewesen sein. Jetzt befindet er sich auf der Landstraße nach Kasperhausen. Genaueres weiß man nicht. Der Bürgermeister bittet die Bürger in den Häusern zu bleiben und die Fenster zu schließen. Und bitte, keine Panik. Das Amt des Bürgermeisters bleibt vorerst geschlossen, denn er muss überraschend heute morgen eine Fastenkur antreten und befindet sich bereits im Ausland.«

Frau Sulz: »Mein Gott, ein Riese, haben sie das gehört, Herr Fink? Ein Riese ist auf dem Weg nach Kasperhausen!«

Herr Fink: »Natürlich habe ich das gehört. Und was machen wir jetzt?«
(Er geht aufgeregt hin und her.)
»Und was machen wir jetzt?«

Herr Ringsgwandl: »Aber das ist doch …, aber das geht doch nicht …, aber man kann ja …, aber warum denn …?«

Ausrufer: »Aber so beruhigen sie sich doch, meine Damen und Herren. Bitte keine Panik, wir müssen Vorkehrungen treffen.«

Herr Fink: »Was heißt da Vorkehrungen, da muss die Polizei her, und zwar sofort.«

Ausrufer: »Die Polizei ist schon in Alarmbereitschaft. Unser Dorfpolizist pumpt bereits sein Fahrrad auf.«

Frau Sulz: »Er pumpt bereits sein Fahrrad auf. Na, was für eine Hilfe! Ich verschwinde auf jeden Fall jetzt auch.«

Herr Ringsgwandl: »Das wird wohl das Beste sein. Ich komme gleich mit.«
(Sie gehen ab, nur noch der Ausrufer ist auf der Bühne.)

Ausrufer *(er ruft ihnen nach):* »Und nur keine Panik, mir wird schon etwas einfallen. Was mache ich nur, was mache ich nur?« *(Er geht hin und her.)*

»Mit einem Riesen ist nicht zu spaßen. Ich habs, natürlich, vielleicht kann uns auch dieses Mal das Kasperle helfen. Ich werde ihn sofort rufen. Kinder, könnt ihr mir helfen das Kasperle zu rufen? Ja? Na dann los!« *(Sie rufen gemeinsam.)* »Kasperle, Kasperle!«

Kasperle *(stürmt herein):* »Hallo! Da bin ich schon. Hallo, Kinder! Seid ihr alle da? Aber sagt einmal, was soll denn dieses furchtbare Geschrei? Ist denn irgendetwas passiert?« *(Die Kinder beginnen zu erzählen.)*

»Was? Ein Riese? Ein richtiger Riese? Auf dem Weg nach Kasperhausen? Aber das geht doch nicht! Das darf er doch gar nicht ...«

(Er sieht den Gemeindeausrufer.)

»Ach, Alfons, du auch hier? Sag einmal, stimmt denn das, was die Kinder erzählen? Ein Riese soll auf dem Weg nach Kasperhausen sein?«

Ausrufer: »Ja, Kasperle, das stimmt leider. Hier der Aufruf des Bürgermeisters.«

(Er gibt dem Kasperle den Zettel; das Kasperle liest.)

Kasperle: »Tatsächlich, ein Riese, und schon auf dem Weg hierher. Was mache ich nur, was mache ich nur? Das wäre eigentlich eine Angelegenheit für unseren Dorfpolizisten. Kinder, helft mir einmal, den Polizisten zu rufen!« *(Sie rufen gemeinsam.)* »Herr Polizist, Herr Polizist!«

Polizist *(schaut vorsichtig herein, stottert ein wenig und ist aufgeregt):* »Ist er schon wieder fort? Hat sich alles beruhigt?« *(Er sieht das Kasperle.)* »Ah! Hallo Kasperle, ist alles in Ordnung? Ist der Riese schon weitergezogen?«

Kasperle: »Was heißt weitergezogen? Er ist noch gar nicht hier gewesen.«

Polizist: »Was? Noch gar nicht hier gewesen? Es ist noch nicht vorbei? Dann muss ich schleunigst wieder zurück zur Wache, ich muss noch mein Fahrrad aufpumpen.« *(Polizist geht ab.)*

Kasperle: »Fort! Schon wieder fort. Habt ihr das gesehen, Kinder? Auf und davon. Aber das ist immer so. Wenn man unseren Dorfpolizisten braucht, ist er nicht da, und wenn er einmal da ist, dann braucht ihn keiner. Na ja, dann muss ich diese Sache mit dem Riesen wohl selbst erledigen. Nur, mit einem Riesen hatte ich noch nie zu tun.«

(Ein Huhn rennt plötzlich gackernd durch das Bild, gefolgt von einem Koch mit einer Bratpfanne.)

Koch: »Gogogogoggo... So bleib doch stehen, du dummes Huhn! Wenn dich der

Riese erwischt, dann dreht er dir den Hals um! Gogoggoo... Bei mir hast du es viel schöner! Gogogoggoo...«
(Die beiden verlassen die Bühne.)

Kasperle: »Was war denn das jetzt? Das ganze Dorft scheint schon verrückt zu sein. So eine Aufregung! Da muss wirklich etwas geschehen und zwar schnell.«
(Kasperle geht ab.)

2. Szene: Landschaft mit Landstraße

Der Riese erscheint auf der Landstraße nach Kasperhausen. Da er sehr schlechte Augen hat, stolpert er mehrmals – er läuft auch gegen den Wegweiser. Und er stellt sich singend den Kindern vor.

Ottwick *(kommt singend herein):*
Rumpel, Pumpel, Zwiebelsaft,
ein Riese geht auf Wanderschaft.
Ich hab so große Füße
und riesengroße Schuh.
Verspeise 20 Bratwürste,
zehn Semmeln gleich dazu.
Die Menschen haben Angst vor mir,
und das ist wirklich schade.
Denn ich tu niemandem etwas,
nicht mal 'ner Küchenschabe.
Weil ich so riesengroß bin,
bin ich oft sehr allein,
drum wär ich manchmal gerne klein,
will nicht mehr Riese sein.

Rumpel, Pumpel Zwiebelsaft,
ein Riese geht auf Wanderschaft ...«
(Er stößt gegen den Wegweiser.)
»Nanu, was ist denn das?«
(Er beugt sich hinunter und liest.)
»Aha, hier steht 'Kasperhausen', das wird wohl das nächste Dorf sein. Noch nie davon gehört, aber vielleicht gibt es dort etwas zu essen. Ich habe nämlich schon wieder einen Riesenhunger.«
(Er horcht ins Publikum.)
»Aber Moment mal, da höre ich doch etwas. Hallo! Ist da jemand?«
(Er späht nach vorne.)
»Oh, da sind ja Kinder. Hallo Kinder! Ich hoffe, ihr habt keine Angst vor mir. Ich bin der Riese Ottwick und obwohl ich so groß und so stark bin, bin ich ein friedlicher Riese. Trotzdem haben immer alle Menschen vor mir Angst, und ich weiß nicht, warum. Vielleicht ist es auch wegen meiner Augen. Ihr müsst nämlich wissen, Kinder, ich sehe sehr schlecht, und darum muss ich immer ganz nahe heran, damit ich überhaupt etwas sehe. Und dann laufen die Leute weg, aber das weiß natürlich niemand. Ein Riese zu sein ist nicht einfach. Nun ja, ich mache mich jetzt auf den Weg nach Kasperhausen, mal sehen, ob es dort etwas zum Essen gibt.«
(Riese geht singend ab.)

3. Szene: Stadtkulisse

Der Riese kommt nach Kasperhausen und trifft auf das Kasperle. Die beiden werden gleich einmal Freunde und der Riese erzählt dem Kasperle von seinen Problemen.

Ottwick *(kommt rufend herein):* »Hallo! Ist da jemand? Hallo! Es ist immer das Gleiche. Komme ich in eine Stadt, verstecken sich alle Leute vor mir. Und dabei habe ich so einen großen Hunger, und da ist niemand, den ich um ein Wurstbrot fragen könnte. Da muss ich eben wieder meinen 'Riesentrick' anwenden. Ich ma-

che es zwar nicht gerne, aber es ist die einzige Möglichkeit, etwas zum Essen zu bekommen. Kinder, ihr dürft jetzt nicht erschrecken, wenn ich etwas laut rufe. Das gehört nämlich dazu.«

(Der Riese beginnt laut zu rufen.)

»Hunger, ich habe Hunger!« *(Er schreit immer lauter.)* »Hunger, Hunger! Ich habe furchtbaren Hunger!«

(Plötzlich kommt von der Seite eine Figur herein – Frau Sulz – und bringt eine riesige Salami. Von der anderen Seite erscheint Herr Fink mit einem riesigen Brot; die beiden legen das Essen hin und verschwinden sofort wieder.)

»Aha, das hat also wieder funktioniert. Wenn ich laut brülle, haben die Menschen noch mehr Angst vor mir, und ich habe etwas zu essen.«

(Von der Seite kommt vorsichtig das Kasperle herein und geht langsam auf den Riesen zu. Dieser sieht ihn aber nicht. Das Kasperle stupst den Riesen – dieser erschrickt.)

Kasperle: »He du, Riese, he du!«

Ottwick: »Wer stört mich da beim Essen?« *(Er sieht sich um – sieht aber niemanden.)* »Hat da nicht jemand gerufen?«

Kasperle: »He du, Riese, du! Hier unten bin ich.«

Ottwick: »Wie? Wo? Wer? Ich höre eine Stimme.«

(Er beugt sich nach unten und sieht endlich das Kasperle.)
»Hallo! Da ist ja einer. Mit einer Zipfelmütze. Lass mich dich einmal genau ansehen.« *(Er beugt sich zum Kasperle hinunter.)* »Aha, ein Mensch, ein Stöpsel oder soll ich lieber sagen, ein Menschenstöpsel. Etwas klein geraten, was?«

Kasperle: »Werde jetzt nur nicht frech, du langer Lulatsch, du, sonst stecke ich dich in meinem Hosensack.«

Ottwick *(er beginnt zu lachen):* »Ha, ha, ha! Er steckt mich in seinen Hosensack, dass ich nicht lache. Du scheinst ein tapferes Kerlchen zu sein, und überhaupt keine Angst vor mir zu haben.«

Kasperle *(mit zittriger Stimme):* »Habe ich auch nicht oder nur 'fast ein ganz kleines bißchen gar nicht'.«

Ottwick: »Da hast du auch recht. Vor mir muss nämlich auch keiner Angst haben, ich bin ein sehr friedlicher Riese. Ich bin nur ein wenig auf Wanderschaft, um auch einmal andere Menschen zu sehen, aber immer laufen sie vor mir davon. Du bist der Erste, der überhaupt keine Angst vor mir hat.«

(Er beugt sich wieder hinunter und geht ganz nahe ans Kasperle heran.)
»Schade, dass ich dich nicht richtig sehen kann. Du musst wissen, ich habe sehr sehr schlechte Augen.«

Kasperle: »Dann musst du eben eine Brille anziehen, dann siehst du wieder besser.«

Ottwick: »Eine Brille? Wer gibt denn schon einem Riesen eine Brille?«

Kasperle: »Wenn du willst, Riese, dann helfe ich dir. Unser Brillendoktor, Herr Guck ins Loch, kann dir sicher helfen.«

Ottwick: »Wirklich? Du glaubst wirklich, dass der mir helfen kann?«

Kasperle: »Natürlich, großes Kasperle-Ehrenwort. Du wartest jetzt hier und ich hole den Doktor Guck ins Loch. Ich bin gleich wieder da.«

(Das Kasperle geht ab.)

Ottwick: »Eine Brille? Das wäre aber etwas. Dann könnte ich wieder richtig sehen. Was für ein Glück, dass ich dieses Kasperle getroffen habe.«

4. Szene: Stadtkulisse

Der Doktor Guck ins Loch untersucht den Riesen und verschreibt ihm eine Brille. Ottwick ist sehr glücklich – er zieht wieder ins Land der Riesen zurück.

(Man hört Stimmen hinter der Bühne, der Riese befindet sich auf der Bühne.)

Kasperle: »Jetzt stellen Sie sich doch nicht so an. Sie müssen keine Angst haben. Halt, halt, nicht wieder davonlaufen!«

Doktor: »Ich traue mich nicht. Nein, ich habe solche Angst. Was ist, wenn er mich

einfach verschluckt? Oder mir auf den Fuß tritt. Dann bin ich nur noch Apfelmus.«

Kasperle: »Aber ich habe Ihnen doch gesagt, dass er ganz harmlos ist. Jetzt kommen Sie schon, seien Sie doch kein Angsthase! Die Kinder sind ja auch noch alle da.«

(Das Kasperle schiebt den Doktor vor sich her auf die Bühne – dieser hat einen Hammer, Fiebermesser oder ein Stethoskop bei sich.)

Ottwick: »Ah, da kommt das Kasperle wieder. Und der kleine weiße Kerl daneben wird wohl der Augendoktor sein. Nur näher, meine Herren, kommen sie nur näher. Ich beiße schon nicht.«

Doktor: »Schieben Sie mich nicht immer so, Herr Kasperle.« *(Er geht auf den Riesen zu und sieht nach oben.)*

»Uiuiui! Das ist aber ein großer Riese, wenn der jetzt husten muss, dann aber Mahlzeit …«

Kasperle: »So, Herr Riese, das ist der Doktor Guck ins Loch. Der wird Sie jetzt ein wenig untersuchen.«

Ottwick: »Tut das aber auch nicht weh?«

Kasperle: »Aber nein, manchmal zwickt und zwackt es ein bisschen, aber das gehört dazu.«

Ottwick: »Na gut, dann untersuchen Sie mich einmal, Herr Doktor.«

(Er beugt sich hinunter und wird vom Doktor mit Hammer untersucht: Ohrenschauen, Mundschauen usw.)

Doktor: »So, das wär's. Das ist überhaupt kein Problem. Der Riese hat zwar schlechte Augen, aber mit einer Brille kann er wieder ganz gut sehen.«

Ottwick: »Sie meinen wirklich, Herr Doktor, dass ich dann wieder richtig sehen kann?«

Kasperle: »Wenn es der Herr Doktor sagt, dann stimmt das schon. Er hat der Großmutter schon viele Brillen verschrieben, und obwohl sie schon alt ist, kann sie sehen wie ein Uhu.«

Doktor: »Das Beste wird sein, Sie kommen gleich mit, Herr Riese. Solche Brillen habe ich auf Lager. Kommen Sie nur!«

Ottwick: »Da bin ich aber gespannt, wenn das nur stimmt?«

(Er läuft beim Hinausgehen gegen die Wand und schimpft. Doktor und Riese gehen ab.)

Kasperle: »Jetzt bekommt dieser große Lulatsch eine Brille, und dann kann er sicher wieder besser sehen. Es ist doch einfach keine Sache, so blind durchs Leben zu gehen. Solche Leute gibt es schon genügend. Kinder, seid ihr auch schon einmal bei einem Arzt gewesen? Seht ihr, das ist überhaupt kein Problem.«

Ottwick *(kommt rufend herein mit einer Brille):* »Kasperle, Kasperle! Sieh nur her, es ist wie ein Wunder, ich kann wieder richtig sehen. Ich habe schon gar nicht mehr gewusst, wieviel Farben es gibt und jetzt sehe ich auch die vielen Kinder! Kinder, könnt ihr mich auch so gut sehen, wie ich euch? Ja? Ach Kasperle, wie kann ich dir nur danken, du kleiner schlauer Kerl.«

Kasperle: »Das ist schon in Ordnung. Aber vielleicht ist es doch besser, du gehst wieder zurück ins Land der Riesen, denn hier ist es doch ein wenig eng für dich. Und die Menschen werden vor Riesen wohl immer ein wenig Angst haben.«

Ottwick: »Du hast ja recht, Kasperle. Dann mache ich mich jetzt auf den Weg.«

(Der Riese will gehen, das Kasperle hält ihn zurück.)

Kasperle: »Warte noch ein wenig, die Leute von Kasperhausen haben noch ein kleines Abschiedsgeschenk für dich.«

(Er ruft den Koch herein.)

»Herr Koch, Herr Koch! Sie können jetzt den Sack hereinbringen.«

(Der Koch kommt mit einem riesigen Sack herein, stellt ihn unter Stöhnen hin und geht wieder hinaus.)

»Da ist noch eine kleine Jause für dich, Herr Riese, für den langen Weg. Es sind nur 210 belegte Brote und ein paar Kilo Äpfel, damit kommst du ein, zwei Tage lang aus.«

Ottwick: »Du denkst aber auch an alles, Kasperle. Du bist ein netter Kerl. Nochmals vielen Dank an euch alle und auf Wiedersehen.« *(Zu den Kindern.)*

»Auf Wiedersehen, Kinder, es hat mich sehr gefreut, dass ich euch kennen gelernt habe. Und ihr wisst jetzt, vor Riesen braucht man keine Angst zu haben.«

Kasperle: »Auf Wiedersehen, Herr Riese, auf Wiedersehen.« *(Riese geht ab.)*

(Vorhang)

Kasperle und das verzweifelte Huhn

Es spielen:
das Kasperle, der Seppl, Tante Pauline,
das Huhn Paula, die Hexe Lakmira, der Räuber Struk,
der Koch des Königs, der Maulwurf Grabinger

Bühnenbilder:
1. Szene: Stadtkulisse
2. Szene: Wiese und Landschaft
3. Szene: Stadtkulisse

Requisiten:
Hackebeil oder Schlachtermesser für den Koch,
Säcke für Räuber, Hexe, Koch,
Schaufel für den Räuber und Gefäß für Erde,
1 Laugenbrezel, 1 Huhn in Plastikfolie vom Supermarkt,
Einkaufskorb für Tante Pauline

Inhaltsangabe:
Eigentlich ist alles friedlich in Kasperhausen. Nur Paula, das Huhn, scheint Schwierigkeiten zu haben, denn der Koch des Schlosses sucht noch einen Braten für das Mittagessen des Königs. Natürlich will sich Paula nicht fangen lassen. Als der Koch für das Fangen des Huhns eine Belohnung verspricht, interessieren sich auch die Hexe Lakmira und der Räuber Struk für das Huhn. Und das Kasperle? Wird es dem Koch helfen, das Huhn zu fangen oder wird es vielleicht dem Huhn helfen?

1. Szene: Stadtkulisse

In der Stadt trifft das Kasperle den königlichen Koch, der verzweifelt nach einem Huhn sucht – auch Hexe und Räuber interessieren sich für das Huhn.

(Das Kasperle kommt mit Tante Pauline auf die Bühne.)

Kasperle: »So, Tante, da wären wir.«

Pauline: »Vielen Dank auch, Kasperle, dass du mich in die Stadt begleitet hast. Du bist ein netter Kerl. Aber jetzt muss ich zum Einkaufen. Ich brauche nämlich dringend ein Paar neue Socken. Also dann, Kasperle, bis später.« *(Tante geht ab.)*

Kasperle: »Auf Wiedersehn, Tante Paula!«
(Das Kasperle sieht die Kinder und begrüßt sie.)
»Hallo, Kinder! Seid ihr auch wieder alle da? Heute ist leider nicht viel los. Ich habe gerade meine Tante Paula in die Stadt begleitet. Nanu, Kinder, hört ihr das auch?«
Man hört hinter der Bühne, wie jemand verzweifelt etwas sucht.)

Koch: »Paula, gogogoggo, wo bist du denn? Paula, mein Hühnchen! Gogogogogog.«
(Der Koch erscheint auf der Bühne mit einem Hackebeil.)
»Paula, komm doch zu mir!«
(Er sieht das Kasperle.)
»Oh, entschuldigen Sie!«

Kasperle: »Guten Tag, Herr Bärlauch! Was gibt es denn?«

Koch: »Haben Sie die Paula gesehen?«

Kasperle: »Ob ich die Paula gesehen habe? Natürlich habe ich die Paula gesehen. Sie ist gerade in ein Geschäft, um ein Paar Socken zu kaufen.«

Koch: »Was sagen Sie da? Die Paula kauft sich ein Paar Socken? Wozu braucht die Paula denn Socken?«

Kasperle: »Was heißt 'Wozu braucht die Paula Socken?' Socken braucht man zum Anziehen, das ist doch logisch. Wenn man kalte Füße hat, zieht man sich warme Socken an!«

Koch: »Aber die Paula ist doch nur ein dummes Huhn, wozu braucht denn die Socken?«

Kasperle: »He, he, was soll denn das? Was fällt Ihnen denn ein? Seit wann ist denn meine Tante Paula ein blödes Huhn?«

Koch: »Wieso Ihre Tante? Wer redet denn von Ihrer Tante?«

Kasperle: »Jetzt kenne ich mich gar nicht mehr aus. Sie haben doch gefragt, wo denn die Paula ist. Und ich habe gesagt, die Paula ist ins Geschäft, um ein Paar Socken zu kaufen.«

Koch: »Das muss ein Missverständnis sein. Ich rede nicht von Ihrer Tante. Ich suche Paula, das Suppenhuhn. Sie ist mir irgendwie aus dem Käfig entwischt.«

Kasperle *(lacht):* »Was? Wie? Ihr Huhn heißt auch Paula?«

Koch: »Warum nicht? Ein Huhn heißt Paula, das andere heißt Birgit, ein Huhn heißt Cäcilia, eines heißt Angela und der Hahn heißt Horst Heinz Eberhardt.«

Kasperle: »Dann sprechen Sie also von Ihren Hühnern? Und ich war der Meinung, Sie reden von meiner Tante Paula. Das ist vielleicht lustig.«

Koch: »Tante hin, Tante her. Haben Sie nun die Paula gesehen oder nicht?«

Kasperle: »Nein, es tut mir leid, Ihre Paula habe ich nicht gesehen. Aber ist denn das so wichtig?«

Koch: »Natürlich ist das wichtig. Der König wünscht heute gegrilltes Hühnchen zum Mittagessen. Und Paula ist die fetteste Henne, die ich habe. Wenn sie mir helfen, das Huhn zu finden, bekommen Sie von mir fünf Goldstücke.«
(Der Räuber Struk kommt von der Seite herein.)

Räuber: »Was höre ich da, Goldstücke? Belohnung? Derjenige, der ein Huhn fängt, bekommt fünf Goldstücke?«

Koch: »Sie haben richtig gehört. Wer mir die Paula fängt, soll fünf Goldstücke bekommen.«

Räuber: »Hahaha! Das ist eine Kleinigkeit für mich. Wozu bin ich denn ein Räuber?«
(Die Hexe Lakmira tritt auf.)

Hexe: »Noch hast du das Huhn nicht gefangen, Struk, mich gibt es ja schließlich auch noch.«

Räuber: »Ach sieh einer an, die Hexe Lakmira. Du glaubst doch nicht, dass du mir zuvorkommst?«

Hexe: »Warte nur ab. Du wirst schon sehen. Diese Belohnung hole ich mir.«
(Die Hexe geht kichernd ab.)
»Hihihihi!«

Räuber: »Da wirst du dich wundern, Lakmira. Jetzt nichts wie los! Paula, gogogogooo, mein liebes Hühnchen. Paula, wo steckst du denn? Gogogo.«
(Der Räuber geht suchend ab.)

Koch: »So, und ich suche auf dem Marktplatz weiter. Vielleicht finde ich das Huhn doch selbst. Dann kann ich die fünf Goldstücke ja behalten. Paula, gogogogooo, Paula.« *(Der Koch geht ab.)*

Kasperle: »Fort, jetzt sind sie alle fort und suchen nach dem Huhn. Ich weiß nicht, ich glaube fast, ich muss diesem Huhn helfen. Ein Huhn, das genauso heißt wie meine Tante, kann man doch nicht einfach in den Kochtopf werfen. Was meint ihr, Kinder? Sollen wir dem Huhn helfen?«
(Kinder antworten.)
»Dann muss ich es aber vor den anderen finden. Paula! Wo bist du denn? Paula!«
(Das Kasperle geht suchend ab.)
(Vorhang)

2. Szene: Wiese und Landschaft

Der Räuber gräbt eine Fallgrube, die Hexe versucht einen gemeinen Trick, der Koch will seine fünf Goldstücke behalten und das Kasperle will natürlich dem Huhn helfen.

Räuber *(man hört ihn hinter der Bühne schnaufen, ab und zu fliegt eine Schaufel Erde über die Bühne; er spricht hinter der Bühne):*
»So, und noch einmal, und noch einmal. Ich glaube, die Falle ist tief genug für dieses dumme Huhn. Jetzt muss es nur noch hineinfallen und die fünf Goldstücke gehören mir.«

Maulwurf *(spricht ebenfalls hinter der Bühne):* »Nanu, nanu, was ist denn hier los? Wieso fliegt meine Wohnung durch die Luft? He, Sie da! Sie machen meine Wohnung kaputt.«

Räuber: »Ihre Wohnung interessiert mich nicht. Ich grabe hier eine Falle für das Huhn – und jetzt Platz da!«

Maulwurf *(erscheint von unten, kriecht aus der Grube):* » Eine Frechheit, eine bodenlose Frechheit! Jetzt kann ich schon wieder umziehen. Wo das wohl hinführt? Das letzte Mal war es ein Bagger und dieses Mal ist es ein Räuber. Ich weiß schon bald nicht mehr, wo unsereins wohnen kann.« *(Maulwurf geht schimpfend ab.)*

Räuber *(kommt langsam von unten zum Vorschein mit Schaufel):* »So, die Grube ist fertig. Jetzt heißt es nur noch warten, bis das Huhn hineinfällt. Am besten verstecke ich mich gleich hinter der Grube.« *(Der Räuber versteckt sich, das Huhn kommt pickend auf die Bühne.)*

Huhn: »Gogogoggogogoo.«

Räuber: »Ja sieh mal einer an, da kommt das Huhn ja schon. Das ist einfacher, als ich gedacht habe. Gogogogogoo, na komm schon, mein liebes braves Hühnchen, gogogooo.« *(Das Huhn pickt dem Räuber in die Nase.)*
»Aua, was soll das, du dummes Huhn, du! Na warte, ich krieg dich schon. Ich steck dich einfach in den Sack und basta.«
(Er nimmt einen Sack hervor und läuft hinter dem Huhn her, beide fallen in die Grube.)
»Ach, saperment! Jetzt sind wir in die Grube gefallen. Na, macht nichts. Jetzt habe ich dich wenigstens. In den Sack mit dir und basta.«

(Der Räuber kommt mit dem Sack wieder aus der Grube heraus.)

»Jetzt muss ich nur noch den Koch suchen, und die Goldstücke gehören mir. Den Sack lass ich einstweilen hier.«

(Er stellt den Sack hin und geht rufend hinaus.)

»Herr Bärlauch, Herr Koch, wo sind Sie denn nur, ich habe das Huhn! Herr Koch!«

Hexe *(kommt mit einem gleich aussehenden Sack herein):* »Hihihi, was bin ich nur für eine schlaue Hexe, hihihi! Ich habe alles beobachtet. Der Räuber hat das Huhn gefangen, und ich bekomme die Goldstücke. Hihihi! Ich tausche die Säcke schnell aus – in meinem Sack sind nämlich nur Steine – und verschwinde wieder. Hihihihi!« *(Sie tauscht die Säcke aus.)*

»Jetzt noch schnell den Koch suchen, hihihi. Was bin ich nur gemein.«

(Die Hexe geht ab, der Sack bleibt gut sichtbar auf der Bühne liegen, der Räuber kommt zurück.)

Räuber: »Ach, ich kann diesen Koch einfach nicht finden. Wer weiß, wo der steckt. Ich nehm auf jeden Fall den Sack mit dem Huhn mit. Man kann nicht vorsichtig genug sein.« *(Er nimmt den Sack auf.)*

»Nanu, das Huhn scheint zugenommen zu haben. Na ja, um so besser. Und jetzt suche ich wieder den Koch. Der Kerl muss irgendwo stecken.«

(Der Räuber geht mit dem Sack ab, die Hexe kommt wieder auf die Bühne.)

Hexe: »Hihihi! Der hält sich für den schlausten Räuber der Welt, und jetzt läuft er mit einem Sack Steine durch die Gegend. Und ich ... ich habe das Huhn. Ich hoffe nur, der Koch kommt bald vorbei. Aha, da höre ich schon Schritte. Das wird er wohl sein.« *(Das Kasperle kommt herein.)*

Kasperle: »Lakmira, so geht das aber nicht. Ich habe alles gehört und gesehen. Du lässt sofort das Huhn aus dem Sack! Also mach schon!«

Hexe: »Kasperle? Was willst denn du hier? Das geht dich überhaupt nichts an.«

Kasperle *(seine Stimme wird lauter):* »Hast du nicht gehört, was ich gesagt habe? Lass das Huhn frei!«

(Er greift nach dem Sack.)

Hexe: »Finger weg! Was fällt dir denn ein?« *(Die beiden ziehen den Sack hin und her.)* »Lass endlich den Sack los!«

Kasperle: »Willst du vielleicht mit mir streiten? Ha? Gib mir endlich den Sack!«

(Die beiden streiten weiter und fallen mit dem Sack in die Grube; sie streiten in der Grube weiter, nur ab und zu taucht ein Kopf auf.)

Kasperle: »Lässt du den Sack endlich los!«

(Auf einmal taucht das Huhn gackernd auf und verschwindet pickend von der Bühne.)

Hexe: »Das Huhn, das Huhn, es ist entkommen, das Huhn ist fort!«

Kasperle: »Das hast du jetzt davon! Das Huhn ist fort, und wir beide sitzen hier in der Grube. Aber warte, Lakmira! Wenn ich auf dich hinaufsteige, dann komme ich vielleicht aus der Grube heraus. So, nun bleib schön stehen, wackel nicht so, ruhig sein!«

(Das Kasperle erscheint und kommt schlussendlich aus der Grube heraus.)

»So, geschafft! Danke, Lakmira, das war sehr nett von dir.«

Hexe *(unter der Bühne, sie ist noch in der Grube.):* »Und ich? Ich will auch hier heraus. Kasperle, so hilf mir doch!«

Kasperle: »Keine Zeit, Lakmira! Ich muss zuerst das Huhn suchen, aber in ein paar Stunden bin ich wieder da und helf dir heraus.«

(Kasperle geht ab.)

Hexe: »Ich will aber jetzt hier heraus! Kasperle, Kasperle! Ich werde noch fuchsteufelswild.«

3. Szene: Stadtkulisse

Das Kasperle findet endlich das Huhn, der Räuber hat noch immer einen Sack voller Steine, die Hexe steckt noch in der Grube. Es geht drunter und drüber – das Huhn muss doch nicht in die Pfanne.

Kasperle *(kommt suchend auf die Bühne):* Paula, Paula! Fix laudon, wo steckst du denn, Paula? Ach Kinder, habt ihr vielleicht die Paula gesehen? Auch nicht? Ich verstehe das nicht. Paula, Paula! Ich gehe jetzt auf die andere Seite. Vielleicht ist sie dort. Wenn ihr sie seht, Kinder, dann ruft ihr mich. Aber laut, damit ich es auch höre.«

(Das Kasperle geht suchend ab, von der anderen Seite kommt das Huhn pickend auf die Bühne.)

Huhn: »Gogogogoo… goggogogoo«

(Die Kinder beginnen, nach dem Kasperle zu rufen, das Huhn verschwindet, das Kasperle taucht schwer atmend auf.)

»Kinder, was ist denn los? Was soll dieses Geschrei?« *(Die Kinder berichten.)*

»Wie? Was? Das Huhn war hier? Wo denn? Hier und dann hier hinaus? Da muss ich sofort nachsehen.«

(Das Kasperle geht hinaus, das Huhn kommt von der anderen Seite herein, die Kinder schreien, das Huhn verschwindet wieder, das Kasperle taucht auf.)

»Wie? Was? Wo? Sagt einmal Kinder, wollt ihr mich veräppeln? Nein? Das Huhn war wirklich hier?«

(Das Huhn kommt plötzlich herein.)

»Ach, da bist du ja Paula! Na, komm her zu mir! Mein Gott, Paula! Was habe ich dich gesucht!«

(Er umarmt das Huhn und sieht es genau an.) »Aber Paula, du siehst beinahe so aus wie meine Tante ... diese Ähnlichkeit. Aber was mache ich jetzt nur mit dir? Ich werde einmal den Seppl rufen, der muss mir jetzt helfen.« *(Er ruft zusammen mit den Kindern nach dem Seppl.)*

»Seppl! Seppl!«

Seppl *(kommt hereingerannt):* »Was ist denn los, Kasperle? Was soll dieses Geschrei?«

Kasperle: »Das erkläre ich dir alles später. Jetzt hör mir nur gut zu! Das hier ist Paula, ein königliches Suppenhuhn, und die Kinder und ich wollen dem Huhn helfen, damit es nicht in der Pfanne landet.«

Seppl: »Und was kann ich dabei tun?«

Kasperle: »Du nimmst dieses Huhn mit zur Großmutter und steckst es in den Hühnerstall hinterm Haus. Verstanden?«

Seppl: »Natürlich, ich bin ja nicht blöd.«

Kasperle: »Und gib ihm etwas Salat und Körner zum Picken.«

Seppl: »Wird gemacht, Kasperle. Also, komm, Paula! Sei ein braves Huhn und komme jetzt mit mir!« *(Der Seppl und das Huhn gehen ab.)*

Kasperle: »Das wäre erledigt. Die Hexe sitzt auch noch in der Grube. Nur der Räuber, der läuft immer noch mit seinem Sack voller Steine herum. Da muss ich mir etwas einfallen lassen.« *(Das Kasperle geht nachdenklich hin und her.)*

»Aha, ich weiß schon was! Ich verstecke mich hier und warte, bis der Räuber kommt. Und dann ... und dann ... Na, ihr werdet schon sehen, Kinder.«

(Das Kasperle versteckt sich, der Räuber taucht auf mit Sack.)

Räuber: »Ich finde und finde diesen Koch nicht! Der Sack wird auch immer schwerer, einen Hunger habe ich auch. Ah, da drüben ist eine Bäckerei, ich hole mir nur schnell eine Laugenbrezel. Den Sack lass ich einstweilen hier stehen. Ich bin gleich wieder da.«

(Der Räuber geht ab.)

Kasperle *(er schaut von der Seite herein):* »Ist er fort, Kinder? Ja? In die Bäckerei? Dann passt einmal auf! Das muss jetzt schnell gehen! Ich leere den Sack aus, so ... und krieche selber hinein.«

(Er kriecht in den Sack.)

»Aber nicht verraten, Kinder! Das müsst ihr mir versprechen! Und jetzt ganz ruhig sein.«
(Das Kasperle sitzt im Sack, der Räuber kommt mit einer Laugenbrezel zurück.)

Räuber: »So, da bin ich wieder! Aha, mein Sack mit dem Huhn ist auch noch hier.«
(Der Koch kommt herein.)

»Ach sieh mal einer an, da kommt der Herr Koch! Guten Tag, Herr Koch! Das Huhn schon gefunden?«

Koch: »Nichts, leider nichts! Ich weiß einfach nicht, wo ich noch suchen könnte. Was wird wohl der König sagen?«

Räuber: »Herr Koch, ich habe eine freudige Mitteilung für Sie!«

Koch: »Ja, was denn?«

Räuber: »Ihr Huhn steckt in meinem Sack.«

Koch: »Was? Wie? Sie haben das Huhn erwischt?«

Räuber: »Und wie ich das Huhn erwischt habe! Für einen Räuber eine Kleinigkeit. Und jetzt will ich die fünf Goldstücke. Also, her damit!«

Koch: »Zuerst will ich das Huhn sehen.«

Räuber: »Bitte schön, Herr Koch, ziehen Sie einfach den Sack weg, und dann haben Sie das Huhn. Aber aufpassen, dass es nicht wieder wegläuft.«
(Der Koch zieht den Sack weg, das Kasperle kommt gackernd zum Vorschein.)

Kasperle: »Gogogogo... gogogogo«

Räuber: »Mein Huhn! Wo ist mein Huhn? Wie kommt denn dieser Zipfelmützler in meinen Sack? Das Huhn ist fort! Jetzt hat mich das Kasperle wieder besiegt! Diese Schande ... Das darf einem Räuber einfach nicht passieren!«
(Der Räuber geht jammernd ab.)

Koch: »Und ich? Ich stehe wieder ohne Huhn da und in zwei Stunden wünscht der König zu speisen. Was mach ich nur?«

Kasperle: »Herr Bärlauch, verzweifeln Sie nur nicht! Das Kasperle weiß immer eine Lösung. Ich habe nämlich noch ein Geschenk für Sie.«

Koch: »Ein Geschenk für mich? Was denn?«

Kasperle: »Einen Moment, Herr Koch!«
(Das Kasperle geht hinaus und kommt mit einem in Folie oder Plastik verpackten Huhn vom Supermarkt zurück.)

»So, Herr Koch, hier ist das Geschenk.«

Koch: »Ein Huhn! Ein richtiges Huhn! Und schon ausgenommen, zerlegt und verpackt. Ach Kasperle, du bist schon ein Teufelskerl. Vielen Dank auch! Nun bekommt der König doch noch sein gewünschtes Mittagessen.«
(Der Koch geht mit dem Huhn ab.)

Kasperle: »Und ich? Ich lasse noch die Hexe aus der Grube – und das heutige Kasperle-Abenteuer ist damit vorbei.«
(Verabschiedung und Vorhang)

Kasperle und der Schitag

Es spielen:
das Kasperle, der Seppl, die Gretl,
die Hexe Lakmira Langhals, der Rabe Pankraz,
der Ziegenbock Emil, die Kröte

Bühnenbilder:
1. Szene: In der Stube der Großmutter
2. Szene: Im Wald der Hexe
3. Szene: Grüne Landschaft mit Hügel
4. Szene: Im Wald der Hexe

Requisiten:
Küchenausstattung,
Schi-Ausrüstung für Seppl, Gretl und Kasperle,
Rodel und Rucksäcke,
Hexenhaus mit Zauberkessel, 1 Fläschchen Krötenschleim

Inhaltsangabe:
In Kasperhausen hat es die letzten Tage so richtig geschneit. Das Kasperle, der Seppl und die Gretl wollen zusammen einen schönen Schitag erleben. Doch als sie am Schi- und Rodelhügel ankommen, liegt da überhaupt kein Schnee mehr. Alles ist grün, die Bäume tragen Blätter und mittendrin grast Emil, der Ziegenbock. Das Kasperle erfährt von den Kindern, dass die Hexe Lakmira Langhals den Schnee weggezaubert hat. So eine Frechheit kann sich nicht einmal eine Hexe erlauben. Vor allem der Seppl wird ganz zornig, und sie beschließen, die Hexe im Wald zu besuchen.

1. Szene: In der Stube der Großmutter

Das Kasperle, der Seppl und die Gretl bereiten sich auf einen Schitag vor. Der Seppl übertreibt wieder einmal. Gemeinsam ziehen sie hinaus zum großen Kasperhausener Schi- und Rodelhügel.

Kasperle *(kommt herein in Schikleidung, mit Schiern, Stöcken etc.):* »Hallo, Kinder, seid ihr heute auch alle da? Gut, gut! Was glaubt ihr wohl, was ich heute mache?« *(Die Kinder antworten.)*
»Richtig, Kinder! Ich gehe Schi fahren. Es hat letzte Nacht geschneit und jetzt scheint die Sonne. Ach, ein herrlicher Tag zum Schifahren. Natürlich nehme ich den Seppl mit, dann macht das Schifahren noch mehr Spaß. Übrigens, Kinder, der Seppl behauptet, er könne besser Schi fahren als der Hermann Maier. Das ist natürlich ein Quatsch. Der kann vielleicht besser herumalbern oder schneller eine Tafel Schokolade essen als der Hermann Maier, aber doch nicht besser Schi fahren. Das kann vielleicht ich, aber doch nicht der Seppl. Eigentlich müsste er schon hier sein. Ach, ich glaube, ich höre ihn. Da kommt er.«

Seppl *(erscheint mit einer Unmenge von Schiern und Stöcken, Snowboard, Rodel etc.):* »So, da bin ich, jetzt kann es losgehen.«

Kasperle: »Mein lieber Semmelknödel ... Seppl ... Was hast denn du vor?«

Seppl: »Das sieht man doch. Schi fahren, Kasperle, und rodeln, und hinuntersausen, dass es staubt. Ein bisschen snowboarden.«

Kasperle: »Aber du hast so viel Sachen mit.«

Seppl: »Was heißt da viele Sachen? Das brauche ich alles. Ein so guter Schifahrer, wie ich einer bin, was glaubst du, was der alles braucht. Slalomschi, Abfahrtsschi, einen Schi für Linkskurven, einen Schi für Rechtskurven, einen zum Hinuntersausen, einen zum Springen ... Und dann natürlich einen zum Kurven und einen für die Buckelpiste.«

Kasperle *(zu den Kindern):* »Ich glaube, Kinder, jetzt ist er ganz verrückt geworden.«
(zum Seppl)
»Du weißt aber schon, dass wir nur zu unserem Schihügel spazieren und nicht mit dem Sessellift hochfahren.«

Seppl: »Natürlich weiß ich das. Ich hoffe nur, Kasperle, dass es für dich nicht zu steil ist und dass du bei guter Kondition bist. Nicht, dass du mir schon nach fünf Minuten schlapp machst.«

Kasperle: »Wir werden sehen, wer von uns beiden schlapp macht.«

Seppl: »Wenn du willst, dann kann ich deine Schier auch noch tragen.«

Kasperle: »Mach doch nicht solche Sprüche, Seppl. Aber hör mal, wir könnten doch eigentlich auch die Gretl mitnehmen. Die freut sich sicher, wenn sie mit zwei so guten Schifahrern mit darf.«

Seppl: »Aber sicher, sie ist zwar nicht so eine Rakete wie ich, aber ich könnte ihr zeigen, wie man es richtig sausen lässt.«

Kasperle: »Ich rufe sie einmal.«
(Er ruft zusammen mit den Kindern:)
»Gretl, Gretl! Kommt bitte einmal herein!«

Gretl *(die Gretl kommt bereits angezogen und mit Schiern herein):*
»Da bin ich schon, Kasperle.«

Kasperle: »Du bist schon zum Schi fahren gerüstet?«

Gretl: »Natürlich, ich gehe hinaus zum Schihügel. Es ist doch ein so schöner Tag.«

Seppl: »Dann kannst du gleich mit uns kommen, und ich zeige dir, wie man richtig Schi fährt.«

Gretl: »Das freut mich aber, dass zwei sooo große Schifahrer mich mitnehmen.«

Kasperle: »Aber das ist doch selbstverständlich. Also komm, Gretl, lass uns losmarschieren!« *(Zu den Kindern.)*
»Und ihr, Kinder, ihr kommt doch auch alle mit zum Schihügel.«
(Kinder antworten.)
»Dann kann es ja losgehen.«

2. Szene: Im Wald der Hexe Lakmira

Die Hexe Lakmira hat wieder einmal schlechte Laune. Sie versucht einen neuen Hexenspruch, aber der will nicht so recht gelingen. Pankraz ist der Leidtragende und zum Schluss fällt ihr etwas ganz Gemeines ein.

(Die Hexe ist vor ihrem Hexenhaus und rührt in ihrem Hexenkessel.)

Lakmira: »Na, wo ist denn das Fläschchen mit dem Krötenschleim? Ich habe es doch hier hingestellt und jetzt ist es fort. Ach, ich werde noch fuchsteufelswild.«
(Sie ruft nach ihrem Raben.)
»Pankraz, Pankraz!«

Pankraz *(befindet sich im Hexenhaus):* »Kräh... kräh... Was gibt es denn, meine liebe Lakmira? Kräh... kräh...«

Lakmira: »Lass diese Schmeicheleien! Sage mir lieber, wo das Fläschchen mit dem Krötenschleim ist.«

Pankraz *(im Hexenhaus):* »Das habe ich doch vorher noch ... Ach ja, Lakmira, hier steht es, in der Hexenküche. Kräh... kräh...«

Lakmira: »Dann bringe es heraus, ich brauche den Krötenschleim für ein neues Zaubermittel. Nun mach schon!«

(Der Rabe Pankraz kommt heraus, im Schnabel ein Fläschchen.)

»So, und jetzt leere den Inhalt in den Zauberkessel, und dann her mit dir! Ich möchte etwas ausprobieren.«

Pankraz: »Kräh... kräh... Nein, nicht schon wieder. Ich will nicht.«

Lakmira: »Was soll das heißen 'Ich will nicht'? Entweder du kommst sofort her oder ich reiße dir die Federn einzeln aus! Also, wird's bald.«

Pankraz: »Kräh... kräh... Aber bitte nicht wieder hexen.«

Lakmira: »Sei endlich still, du dummer grosser Vogel! Und probiere etwas vom Zaubertrank! Ein kleines Schnäbelchen voll genügt.«

Pankraz *(trinkt aus dem Kessel):* »Kräh... ich ahne schon wieder Schlimmes.«

Lakmira: »Schnell den Hexenspruch: Hexenkraut und Zaubergalle, Hühnerschleim und Gürtelschnalle, Hasenfurz und Zauberflöte, Aus Pankraz wird jetzt eine Kröte, hex, hex!«

Pankraz *(ist immer noch ein Rabe):* »Kräh... kräh...«

Lakmira: »Was heißt denn hier 'krähkräh'. Es müsste doch heißen 'quakquak'. Dieser Versuch ist mir misslungen. Es war wohl der falsche Hexenspruch. Ich werde es gleich nochmal probieren: Spiegelei und Palatschinken, Fetter Wurm in Omas Schinken, Hasenfurz und Zauberflöte, aus Pankraz wird jetzt eine Kröte, hex, hex!«

(Der Versuch gelingt, aus Pankraz wird eine Kröte.)

Lakmira: »Wunderbar, wunderbar, der Versuch ist mir gelungen! Und jetzt, Pankraz, sag einmal laut und deutlich 'Kräh... kräh...'«

Pankraz: »Quak... quak...«

Lakmira: »Hihihi! Was bin ich nur gemein und böse. Jetzt mache ich dich wieder zum Raben:
Schwarze Katze, Hühnerleiter,
frisch gepresster Hundeeiter,
ein halbes Kilo Küchenschaben,
Kröte werd' wieder zum Raben, hex, hex!«
(Aus der Kröte wird wieder ein Rabe.)

Pankraz: »Kräh... kräh... Was ist nur mit mir passiert?«

Lakmira: »Frag' nicht so dumm, Pankraz! Du kannst jetzt gehen.«

Pankraz: »Dann fliege ich zum Rodelhügel und schaue den Kindern beim Schifahren und beim Rodeln zu, das macht immer großen Spaß. Kräh... kräh...«
(Rabe ab.)

Lakmira: »Wohin will der Kerl? Zum Rodelhügel? Zu den Kindern? Ich mag heute keine Kinder. Na wartet, lasst mich einmal nachdenken ... Ich bin auf einmal so furchtbar böse ... hmmm ... Jetzt hab ich's. Ich werde einfach den Schnee vom Schihügel wegzaubern. Ganz genau, das mache ich. Für mich kein Problem. Dazu verwende ich den Hexenspruch zwölfundelfzig:

Schneckenfuß und Hühnerzunge,
Echsenschwanz und Raucherlunge,
kurz gebrat'ner Krähenflügel,
Schnee verschwind vom Rodelhügel,
hex, hex!« *(Viel Rauch und Donner)*
»Die werden sich wundern, wenn sie zum Hügel kommen, hihihi. Kein Schnee, kein Spaß, hihihi! Ach, was bin ich doch gemein, ich, die Hexe Lakmira Langhals.«

3. Szene: Grüne Landschaft mit Hügel

Da staunen die drei aber nicht schlecht, als sie zum Rodelhügel kommen. Anstatt des schönen Schnees finden sie lediglich den Ziegenbock Emil, der am Grasen ist. Vom Winter keine Spur. Die Kinder erzählen dem Kasperle, wer da dahinter steckt.

Ziegenbock *(gemütlich grasend)*: »Mäh... mäh... Was für ein herrlich duftendes Gräschen! Mäh... Vorher war hier noch alles mit Schnee bedeckt und auf einmal – überall frisches Gras. Mir kann es recht sein. Obwohl, eigentlich sollte Winter sein. Mäh... Aber es sieht gar nicht mehr nach Winter aus. Mäh... mäh...«
(Man hört das Kasperle, den Seppl und die Gretl hinter der Bühne sprechen.)

Kasperle: »Jetzt sind wir gleich da. Ich freu mich schon so aufs Schifahren.«

Seppl: »Und ich werde gleich einmal von ganz oben hinuntersausen.«

Gretl: »Aber passt auf, nicht dass ihr euch die Beine brecht.«

Seppl: »Die Beine brechen? Aber doch nicht beim Schifahren, das passiert vielleicht beim Motorradfahren, aber doch nicht beim Schifahren.«

(Die Drei kommen auf die Bühne, legen die Schier auf den Boden und sehen sich um.)

Gretl: »Du, Kasperle, ich glaube, ich träume. Würdest du mich bitte aufwecken. Hier liegt ja gar kein Schnee.«

Kasperle: »Da wird doch der Hund in der Pfanne verrückt! Was ist denn hier passiert? Wo ist denn der ganze Schnee geblieben? Da steht Heindls Ziegenbock und zupft am Gräschen. Das geht doch nicht mit rechten Dingen zu.«

Seppl: »Ja und ich ... und ich ... ich schleppe meine komplette Schi-Ausrüstung hierher, und dann ... und dann ... Jetzt bin ich wieder der Angeschmierte.«

Kasperle: »Aber das gibt es doch nicht! Hier muss doch Schnee liegen, es hat die ganze Nacht geschneit. Ich frage einmal die Kinder. Kinder, wisst ihr vielleicht, was hier passiert ist?«

(Die Kinder erzählen von der Hexe Lakmira.)

Gretl *(beginnt leise zu schluchzen):* »Ich habe mich so aufs Schifahren gefreut. Uhuhu...«

Kasperle: »Und du, Seppl, was sagst jetzt du dazu?«

Seppl *(wütend):* »Ich ... ich ..., das lasse ich mir nicht gefallen. Was glaubt denn diese alte Schachtel! Die ist doch verrückt! Der werde ich es aber zeigen. Komm, Kasperle, wir müssen sofort in den Hexenwald. Der werde ich es zeigen, so wahr ich der Seppl bin.«

Kasperle: »Da hast du recht, Seppl, so geht das nicht. Und die Kinder nehmen wir mit, dann ist es nicht so gefährlich. Ihr kommt doch alle mit in den Hexenwald?«

(Kasperle und Seppl gehen ab.)

Gretl: »Ich bleibe lieber hier und spiele ein wenig mit Emil. Und passt gut auf, ihr zwei, mit der Lakmira ist nicht zu spaßen, besonders, wenn sie schlechte Laune hat. Komm, Emil, ich streichle dich ein wenig.«

4. Szene: Im Wald der Hexe

Das Kasperle und der Seppl erscheinen im Hexenwald. Zuerst streiten sie mit der Hexe, aber dann hat das Kasperle eine ausgezeichnete Idee. Die Hexe Lakmira muss unbedingt das Schifahren lernen.

(Die Hexe beschäftigt sich mir ihrem Hexenkessel.)

Lakmira: »Ich weiß nicht, ich weiß nicht. Meine Laune wird nicht besser und langweilig ist mir auch. Aber wenigstens kön-

nen die Kinder jetzt nicht Rodeln und nicht Schifahren. Dass ich den Schnee weggehext habe, das war schon eine verrückte Idee, obwohl ... Nanu, ich höre jemanden kommen.«

(Der Seppl kommt hereingestürmt, das Kasperle versucht ihn einzubremsen.)

Seppl: »Da bist du ja, du ... du ... Gemüsesuppe du! Was fällt denn dir überhaupt ein? Du ... du ... alte Stinksocke, du!«

Kasperle *(flüstert dem Seppl zu):* »Vorsichtig, Seppl, treib es bitte nicht zu weit! Sie ist trotz alledem noch eine Hexe, und da weiß man nie.«

Seppl: »Ach was, Hexe hin oder Hexe her, wenn die glaubt, dass sie einfach den Schnee ...«

Lakmira: »Vielleicht kann ich auch einmal etwas sagen. Was fällt denn dir ein, du Hosenmatz, du! Soll ich dich etwa in eine Kröte verwandeln?«

Seppl: »Versuch's doch! Du ... du ... Wir wollten Schifahren – und du hast uns den Schnee weggehext. Die Kinder haben uns alles erzählt.«

Lakmira: »Ach, darum seid ihr gekommen. Ihr wollt euch wohl beschweren. Hihihi!«

Kasperle *(drängt sich jetzt vor):* »Schluss mit der dummen Streiterei. Lakmira, was ist denn los mit dir? Warum bist du denn auf einmal so ... so ... so ... Na ja, du weißt schon.«

Lakmira *(stottert):* »Weil ... nun ... weil ich ...«
(Sie beginnt zu schluchzen.)
»Mir ist so langweilig, ich bin immer so alleine. Uhuhu ...«

Kasperle *(umarmt die Hexe):* »Aber Lakmira, meine liebe Lakmira, komm her, du musst doch nicht weinen. Es ist doch nicht so schlimm.«

Seppl *(flüstert dem Kasperle ins Ohr):* »Du Kasperle, ich habe gar nicht gewusst, dass Hexen auch weinen. Sie tut mir ein wenig leid. Oje, jetzt muss ich auch anfangen zu weinen.
Lakmira, komm her, meine Schnuckermaus. Ich habe es nicht so gemeint.«
(Seppl und Lakmira umarmen sich weinend.)

Kasperle: »Mein Gott, jetzt fängt der Seppl auch noch an. Mir muss sofort etwas einfallen. Ah, ich weiß auch schon was. Hört einmal zu, ihr beiden. Schluss jetzt mit den Tränen! Ich hätte da eine Idee ...«

Lakmira: »Eine Idee?«

Seppl: »Was ist es denn, Kasperle?«

Kasperle: »Hör einmal gut zu, Lakmira. Willst du nicht mitkommen zum Schifahren?«

Lakmira *(überrascht):* »Ich? Ich soll mitkommen zum Schifahren? Eine Hexe auf Schiern? Das hat es doch noch nie gegeben.«

Seppl *(erfreut):* »Eine wunderbare Idee. Lakmira, stell dir vor, dann bist du die erste schifahrende Hexe.«

Lakmira: »Nun ja, nun ja, warum eigentlich nicht. Eine vorzügliche Idee, juhu! Ich lerne Schi fahren. Dann ist mir bestimmt nicht mehr langweilig.«

Seppl: »Und dann bauen wir eine Schanze, und ich zeige dir, wie der V-Stil funktioniert. So wie bei Sven Hannawald.«

Kasperle: »Nicht gleicht übertreiben, Seppl, und nicht alles auf einmal.«

Lakmira: »Ich hexe den Schnee wieder her, und dann kann es losgehen. Ich und Schifahren, eine verrückte Idee, Kasperle. Du bist schon ein richtiger Teufelskerl. Nun kommt schon!«

Kasperle: »Zuerst müssen wir uns noch von den Kindern verabschieden. Also Kinder, bis zum nächsten Mal!

Und wenn ihr einmal eine schifahrende Hexe seht, dann wisst ihr ja, um wen es sich handelt.«

(Verabschiedung und Vorhang)

Kasperle und der versteckte Seppl

Es spielen:
das Kasperle, der Seppl,
die Gretl, der Räuber Struk,
die Hexe Lakmira, der Ziegenbock

Bühnenbilder:
1. Szene: Vor dem Haus der Großmutter
2. Szene: Im Räuber- und Hexenwald
3. Szene: Vor dem Haus der Großmutter
4. Szene: Im Räuber- und Hexenwald

Requisiten:
Räubersack für den Räuber,
Hexenbesen für die Hexe Lakmira,
Räuberleiter,
Stricke für Räubersack und Ziegenbock

Inhaltsangabe:
Das Kasperle, der Seppl und die Gretl spielen Verstecken. Aber auch dieses Mal kann sich der Seppl einfach nicht richtig verstecken. Das Kasperle oder die Gretl finden immer sofort sein Versteck. Das ärgert den Seppl natürlich ungemein und er wird ganz böse. Darum will er sich das nächste Mal so gut verstecken, dass ihn niemand mehr findet und er läuft und läuft und läuft, bis er im Räuber- und Hexenwald ankommt. Ob das wohl das richtige Versteck für den Seppl ist?

1. Szene: Vor dem Haus der Großmutter

Zuerst spielen das Kasperle, der Seppl und die Gretl Fangen, dann Verstecken. Der Seppl ist aber ein richtiger Tollpatsch. Er ist immer der Verlierer – und das macht ihn zornig.

(Das Kasperle kommt schnaufend herein und sieht die Kinder.)

Kasperle: »Hallo, Kinder! Ich habe heute leider keine Zeit für euch, wir spielen nämlich gerade Fangen und ... uiuiui, da kommt schon der Seppl.«

(Das Kasperle ruft.) »Hosenmatz! Hosenmatz! Fang mich doch, so fang mich doch!«

(Er läuft hinaus, der Seppl kommt hereingestürmt.)

Seppl: »Was heißt da Hosenmatz? Pass nur auf, Kasperle! Ich krieg dich schon. Du kommst mir nicht davon!«

(Er sieht sich um.)

»Nanu? Wo ist er denn? Kinder, wo ist denn das Kasperle?«

(Die Kinder antworten.)

»Aha, dort hinaus? Na warte, jetzt erwisch ich dich aber.« *(Er läuft hinaus, kommt aber schnell wieder zurück.)*

»Nichts, ich habe ihn leider nicht erwischt. Das Kasperle kann so schnell laufen, da ist wohl nichts zu machen. Aber die Gretl, die kann bestimmt nicht so schnell laufen wie ich, die erwische ich sicher sofort.« *(Die Gretl schaut vorsichtig von der Seite herein und ruft.)*

Gretl: »Seppl! Huhuhu! So fang mich doch, du lahme Ente! *(Sie läuft fort.)*

Seppl: »Na warte, dich erwische ich schon. Ich werde dir zeigen, wie schnell eine lahme Ente laufen kann.« *(Er läuft ihr nach, kommt aber auch wieder schnell auf die Bühne zurück.)*

»Leider auch nicht erwischt.«

(Er wird immer zorniger.)

»So ein blödes Spiel! Ich mache nicht mehr mit. Das geht mir auf den Keks. Ich hasse Fangenspielen.« *(Er ruft.)*

»Gretl! Kasperle! Ich spiele nicht mehr mit, ihr könnt wieder herkommen! Fangen spielen ist ein blödes Spiel.«

Kasperle *(es kommt zusammen mit der Gretl auf die Bühne)*: »Was ist jetzt schon wieder los, Seppl? Warum spielst du denn nicht mehr mit?«

Gretl: »Das ist doch so ein lustiges Spiel, du musst uns fangen.«

Seppl: »Das ist ein blödes Spiel! Ich erwische euch doch niemals.«

Kasperle: »Dann spielen wir etwas anderes. Wie wär's mit Verstecken?«

Gretl *(springt aufgeregt hin und her)*: »Ja, ja, spielen wir Verstecken.«

Seppl: »Ich spiele aber nur mit, wenn ich mich auch verstecken darf. Ich bin näm-

lich ein ausgezeichneter `Verstecker´. Mich findet ihr nie.«

Kasperle: »Na gut, ich fange an. Ich zähle bis tausend, und dann komme ich. Also, versteckt euch gut.«

(Er geht in eine Ecke, beugt sich hinunter und beginnt zu zählen:)

»1, 2, 3, 4 ...« *(Die Gretl läuft ein paarmal hin und her und verschwindet dann von der Bühne. Der Seppl läuft in die andere Ecke, nimmt den Kopf in die Hände, er ist gut sichtbar für das Kasperle.)*

»998, 999, 1000. Ich komme! Jetzt bin ich gespannt, wo sich die beiden versteckt haben.« *(Er geht vorsichtig hin und her und ruft.)*

»Wo seid ihr denn? Gretl? Wo bist du? Seppl, wo bist du?« *(Er sieht den Seppl sofort, geht zu ihm hin und klopft ihm auf die Schulter.)*

»Hallo, Seppl, wie geht`s?«

Seppl *(der Seppl schrickt hoch, zornig):* »Schon wieder ich, immer nur ich. Jetzt hast du mich wieder als Ersten erwischt. Ich spiele nicht mehr mit, das ist ein blödes Spiel.«

Kasperle: »Du musst dich eben richtig verstecken. Nicht nur hier hinsitzen und den Hintern in die Höhe strecken. Da findet dich doch jeder. Mein Gott, Seppl, was bist du nur für ein Tollpatsch.« *(Er ruft nach der Gretl.)*

»Gretl, du kannst aus deinem Versteck kommen. Der Seppl spinnt wieder einmal.«

Gretl *(kommt herein):* »Was ist denn jetzt wieder los? Kann dieser Seppl nicht einmal richtig mitspielen?«

Kasperle: »Na komm, Seppl, wir probieren es noch einmal. Dieses Mal musst du eben laufen. Lauf einfach einmal fünf Stunden, dann wird dich so schnell niemand finden. Das kann doch nicht so schwer sein.«

Gretl: »Und ich suche euch dieses Mal. Versteckt euch also gut. Ich zähle bis Tausend.« *(Sie beginnt zu zählen.)*

»1, 2, 3 ...« *(Das Kasperle und der Seppl laufen von der Bühne.)*

»... 997, 998, 999, 1000. Ich komme!«

(Sie geht ein paar Mal hin und her und ruft plötzlich.)

»Kasperle, ich hab dich! Dort hinter dem Baum, ich hab dich gesehen! Herauskommen!«

(Das Kasperle kommt auf die Bühne.)

Kasperle: »Ein tolles Versteck, nicht wahr, Gretl? Du hättest mich beinahe nicht gesehen. Aber wo ist denn der Seppl?«

Gretl: »Der muss sich dieses Mal sehr gut versteckt haben. Vielleicht kannst du mir beim Suchen helfen?«

Kasperle: »So schwer kann es doch nicht sein, den Seppl zu finden.«

(Die beiden beginnen auf und hinter der Bühne zu suchen, sie finden den Seppl nicht.)

»Nichts, nichts, wie vom Erdboden verschluckt.«

Gretl: »Das ist kaum zu glauben! Aber vielleicht hat er einfach wieder seinen Vogel bekommen und ist nach Hause gegangen. Wer weiß? Du kennst ja den Seppl. Der sitzt in der warmen Stube und wir suchen ihn.«

Kasperle: »Da könntest du recht haben, Gretl. Dann lass uns auch nach Hause gehen. Aber dem werde ich was erzählen. Na warte! Komm Gretl!«

(Die beiden gehen ab.)

2. Szene: Im Räuber- und Hexenwald

Natürlich hat der Seppl das mit dem 'Sich-gut-verstecken' wieder falsch verstanden – er ist doch tatsächlich fünf Stunden lang gelaufen und landet schließlich im dunklen Wald.

Seppl *(kommt schnaufend auf die Bühne)*: »4 Stunden 59 Minuten 58 Sekunden, 4 Stunden 59 Minuten 59 Sekunden, 5 Stunden! So, jetzt bin ich ganz genau fünf Stunden lang gelaufen, so wie es das Kasperle wollte. Jetzt werden sie mich wohl nicht so schnell finden.« *(Er beginnt sich umzusehen.)*

»Aber ... aber ... Wo bin ich denn eigentlich? Alles ist hier so unheimlich. Ich kenne mich hier gar nicht mehr aus. Vielleicht bin ich doch zu weit gelaufen.«

(Er fängt langsam an zu weinen.)

»Das ist ein ganz blödes Spiel. Ich ... ich ... will nach Hause. Hallo! Hört mich jemand? Ich will nach Hause!«

(Er geht hin und her und – plumps – fällt plötzlich in eine Grube.)

»Ja, was ist denn jetzt passiert? Ich bin in eine Grube gefallen. Es ist so dunkel hier unten.«

(Er weint jetzt.)

«Ich will heraus und nach Hause!«

(Man hört ihn ganz leise wimmern, von der Seite kommt singend der Räuberhauptmann Struk herein mit einem großen Sack.)

Struk: »Ich trage meinen Räubersack,
Huckepack – huckepack,
und in meinem Hosensack
hab ich ein großes Messer ...
So, zuerst einmal den Sack hinstellen und dann in der Grube nachschauen, ob ich etwas erräubert habe.«

(Er geht zur Grube und schaut hinein.)

»Sieh mal einer an, da sitzt ja einer im Dunklen. He, du da unten! Wohl hineingeplumpst, was? Und jetzt kommst du nicht mehr heraus. Schöne Bescherung, was? Wer bist du denn überhaupt?«

Seppl: »Ich bin der Seppl, der Freund vom Kasperle und von der Gretl. Wir wollten Versteckenspielen, und da bin ich wohl etwas zu weit gelaufen und dann bin ich – plumps – in diese Grube gefallen.«

Struk: »Ja, ja. Meine Gruben haben es in sich. Aber warte, ich hole nur schnell eine Räuberleiter, und dann kannst du herauskommen.«

(Struk holt eine Leiter und kommt wieder herein.)

»So, da bin wieder, ich halte die Leiter und du kletterst hoch.«

(Der Seppl kommt herausgekrochen.)

Seppl: »Danke, dass du mir geholfen hast. Du bist ein sehr freundlicher Mann, wer bist du denn überhaupt?«

Struk: »Struk mein Name, Räuberhauptmann Struk.

Seppl: »Ein Räuber? Ein richtiger Räuber? Bitte tu mir nichts.«

Struk: »Na, na, brauchst doch keine Angst zu haben. Ich habe diese Woche Urlaub, und da wird nicht geräubert. Aber sag einmal, ihr habt Verstecken gespielt? Das ist sicher lustig. Ich würde auch einmal gerne Verstecken spielen, habe aber leider niemanden. Aber warte, ich könnte noch die Hexe Lakmira fragen, dann sind wir schon zu dritt.«

Seppl: »Eine Hexe wohnt auch in diesem Wald? Ist es denn eine böse Hexe?«

Struk: »Böse hin oder her, das spielt jetzt keine Rolle. Wir brauchen sie zum Versteckenspielen, und damit hat sich's. Ich rufe sie einmal.«

(Der Räuber beginnt zu rufen.)

»Lakmira! Lakmira! Lakmirchen! Bring mir ein Bierchen!«

Lakmira *(die Hexe erscheint mit Donner und Rauch):* »Wer schreit nach mir so unverschämt? Ach du, Struk. Und ... wer ist denn dieser Hosenmatz mit der grünen Mütze da? Den könnte ich gleich mitnehmen in meine Hexenküche, ich suche nämlich einen Lehrling.«

Seppl: »Ich will aber kein Hexenlehrling sein. Ich will nach Hause!«

Struk: »Ich bitte endlich um Ruhe! Lakmira, ich habe dich gerufen, weil ich dich brauche.«

Lakmira: »Aha, soll ich vielleicht jemanden verhexen! Vielleicht die Kinder da draußen? Ich könnte sie in Frösche verwandeln. Stellt euch nur das Gequake vor.«

Struk: »Du sollst niemanden verhexen, wir brauchen dich zum Spielen. Wir würden nämlich gerne Verstecken spielen.«

Hexe: »Verstecken spielen? Warum eigentlich nicht? Das ist einmal etwas anderes.«

Seppl: »Aber ich kann nicht so lange bleiben. Ich muss auch wieder einmal nach Hause.«

Struk: »Sei kein Spielverderber! Zuerst wird gespielt, und dann kannst du nach Hause.«

Hexe: »Und ich werde euch suchen. Ihr müsst euch aber gut verstecken. Ich zähle bis zwölfundelfzig, und dann komme ich. Also los! Eins, zwei, drei …«

(Der Seppl und der Struk laufen von der Bühne.)

»Neunundelfzig, zehnundelfzig, elfundelfzig, zwölfundelfzig. Ich komme! Ich komme! Hihihi! Das macht ja richtig Spaß.«

3. Szene: Vor dem Haus der Großmutter

Das Kasperle und die Gretl suchen immer noch nach dem Seppl. Die Kinder erzählen schließlich, wo der Seppl steckt.

(Man hört das Kasperle und die Gretl nach dem Seppl rufen, die beiden kommen von verschiedenen Seiten auf die Bühne.)

Kasperle: »Gretl? Hast du ihn gefunden?«

Gretl: »Nichts! Ich kann mir nicht vorstellen, wo er stecken könnte. So gut hat er sich noch nie versteckt.«

Kasperle: »Mir kommt das Ganze langsam etwas unheimlich vor. Das geht nicht mit rechten Dingen zu. Vielleicht wissen die Kinder, wo der Kerl steckt? Kinder, sagt einmal, wisst ihr, wo der Seppl ist?«

(Die Kinder beginnen sofort zu erzählen.)

Gretl: »Wie? Was? Wo? Im Räuber- und Hexenwald ist er? In eine Grube ist er gefallen? Aber das ist ja furchtbar! Kasperle, so tu doch etwas!«

Kasperle: »Nur schön langsam, Gretl. Ich weiß nicht, ob ich das alles glauben kann. Kinder, was macht er denn jetzt im Hexenwald?«

(Die Kinder antworten.)

»Wie? Er spielt Verstecken mit dem Räuber Struk und der Hexe Lakmira? Das ist gar nicht zu glauben! Stimmt das auch wirklich mit dem Räuberhauptmann und der Lakmira?«

Gretl: »Kasperle, so unternimm doch irgendwas! Der arme Seppl! So allein im Räuber- und Hexenwald. Was können wir nur machen?«

Kasperle: »Wir beide gehen auch in den Wald und spielen mit.«

Gretl: »Oh nein, Kasperle, in den Räuber- und Hexenwald gehe ich nicht, da bleibe ich lieber zu Hause.«

Kasperle: »Na meinetwegen, ich gehe auf jeden Fall. Schließlich ist der Seppl mein bester Freund, und ich muss ihn doch da herausholen. Und die Kinder kommen sicher auch alle mit, oder Kinder?«
(Kinder antworten.)
»Auf in den Räuber und Hexenwald!«

Gretl *(ruft ihm nach):* »Sei aber vorsichtig, Kasperle, mit der Hexe Lakmira ist nicht zu spaßen.«

4. Szene: Im Räuber- und Hexenwald

Struk, Lakmira und der Seppl spielen noch immer Verstecken. Der Seppl ist allerdings schon wieder zornig, weil er die Hexe einfach nicht finden kann. Das Kasperle kommt dazu und bringt den Seppl sicher nach Hause.

(Der Seppl steht in einer Ecke der Bühne und zählt leise vor sich hin.)

Seppl: »zwanzig, einundzwanzig, zweiundzwanzig ...« *(Er spricht leise.)*

Hexe: »Komm, Struk, verstecken wir uns wieder. Ich bin immer noch ganz aufgeregt. Der Kerl findet uns fast nie, und dieses Mal habe ich eine ganz gemeine Idee. Ich verstecke mich gar nicht, sondern verhexe mich in einen Ziegenbock, hihihi! Da kann er lange suchen ...
Ene, mene, Krötenschleim,
Ich bin jetzt mal ganz gemein.
Ich stinke nun wie Opa's Sock',
hex, hex, ich bin ein Ziegenbock.«
(Die Hexe verwandelt sich mit Hilfe von Rauch und Donner in einen Ziegenbock.)

Struk: »Ha, ha, ha! Keine schlechte Idee, die Hexe Lakmira als Ziegenbock, da wird der Seppl wohl ewig suchen müssen. Das muss ich mir einfach anschauen, und ich weiß auch schon wie. Ich krieche in meinen großen Räubersack und stelle mich neben den Ziegenbock. Ich werde mir zwar die Nase zuhalten müssen, aber das wird sicher lustig, und vielleicht findet mich der Seppl ja auch nicht.«
(Der Räuber kriecht umständlich in seinen Räubersack und stellt sich neben den Ziegenbock.)

Seppl: »Fünf, vier, drei, zwei, eins! Ich komme! So, dieses Mal kann mich aber nichts mehr aufhalten. Dieses Mal finde ich sie ganz bestimmt.« *(Er sieht den Ziegenbock.)* »Nanu, was bist denn du für einer? Wo kommst denn du her?«

Ziegenbock: »Mäh... mäh... mäh...«

Seppl: »Du bist aber ein schöner Kerl, aber du solltest dich einmal duschen oder in die Badewanne setzen. Du stinkst nämlich ganz fürchterlich!«

(Die Kinder beginnen zu rufen und zu erzählen.)

»Was sagt ihr da, Kinder? Das ist gar kein richtiger Ziegenbock? Ja aber ...«

Kasperle *(kommt hereingestürmt)*: »Seppl, Seppl, da bist du ja. Wo steckst du denn die ganze Zeit?«

Seppl: »Kasperle, Kasperle, du kommst genau richtig. Ich brauch dich nämlich unbedingt, du musst mir helfen.«

Kasperle: »Was ist denn los, Seppl? Du bist ja ganz aufgeregt.«

Seppl: »Lass dir einmal von den Kindern erzählen, was hier alles passiert ist.«

Kasperle: »Na Kinder, dann erzählt mir einmal!« *(Die Kinder beginnen wieder zu erzählen.)*

»So, so. Dieser Stinker da ist die Lakmira. Und im Sack sitzt der Räuber Struk. Da heißt es schnell handeln. Und ich weiß auch schon wie. Zuerst binde ich den Sack fest zu.« *(Er nimmt ein Seil und bindet den Sack zu.)*

»Jetzt noch schnell den Sack auf den Ziegenbock – und dann ...«

(Er treibt den Ziegenbock mit dem Sack von der Bühne.)

»Und jetzt lauf, Lakmira, lauf!«

Struk: »Hilfe! Hilfe! Was ist denn los? Ich komme nicht mehr aus dem Sack heraus. Jemand hat ihn zugebunden.«

Ziegenbock: »Geh herunter von meinem Rücken, du dummer Räuber! Du bist mir viel zu schwer! Hast du gehört? Du sollst runtergehen!«

Struk: »Würde ich gern, aber ich kann nicht! Huhuhu! Mein Gott, wie du stinkst, Lakmira.«

(Die beiden gehen schimpfend von der Bühne.)

Kasperle: »Sieh dir das nur an, Seppl. Wie sie läuft, die Lakmira, und hinten im Sack der Räuber. Hahahaha!«

Seppl: »Bin ich froh, dass du mir geholfen hast, Kasperle. Jetzt sollten wir aber sofort nach Hause laufen, sonst machen sich Großmutter und Gretl noch Sorgen.«

Kasperle: »Du hast recht, Seppl, und morgen spielen wir wieder Verstecken, oder?«

Seppl: »Ich weiß nicht so recht, Kasperle, wir werden sehen.«

(Kasperle und Seppl gehen ab.)
(Vorhang)

Kasperle und der Siebenmeilenstiefel

Es spielen:
das Kasperle, der Seppl, die Gretl,
die Hexe Lakmira, das Huhn Berta,
Herr Bundschuh, der Polizist Wanninger

Bühnenbilder:
1. Szene: Im wald der Hexe Lakmira
2. Szene: In der Stadt Kasperhausen

Requisiten:
Hexenhaus mit Hexenkessel, Schöpfkelle,
Leiter, Hammer oder Zange, weiße Federn,
ein Siebenmeilenstiefel, Einkaufskorb für die Gretl
ein großes Stoppschild für den Polizisten

Inhaltsangabe:

Das Kasperle und der Seppl helfen der Lakmira bei der Reparatur des Hühnerstalls. Dafür dürfen sie sich etwas ganz Besonderes wünschen. Da der Seppl nach der Arbeit müde ist und der Weg zurück nach Kasperhausen lang, wünscht er sich einen großen, blauen Siebenmeilenstiefel. Für die Hexe Lakmira ist das kein Problem. Und so hext sie einen Siebenmeilenstiefel herbei. Doch – oje – wie kann man solch einen Stiefel wieder zum Halten bringen?

1. Szene: Im Wald der Hexe Lakmira

Das Kasperle und der Seppl helfen der Hexe Lakmira bei der Reparatur des Hexenhauses und des Hühnerstalls – dafür dürfen sich die beiden etwas wünschen.

(Die Hexe erscheint.)

Lakmira *(begrüßt die Kinder):* »Hallo, Kinder! Ich bin's, die Hexe Lakmira. Die meisten von euch kennen mich schon, ihr müsst also keine Angst vor mir haben, auch wenn ich manchmal eine richtig wilde Hexe sein kann. Dass heute das Kasperletheater im Hexenwald beginnt, ist leicht zu erklären:

Das Kasperle und der Seppl sind nämlich gekommen, um mir etwas zu helfen. Da staunt ihr wohl, was? Nun ja, Kinder, der Hühnerstall ist schon ganz wackelig, die Türen schließen nicht mehr richtig und durch das Hexenhaus regnet es herein. Ich habe das Kasperle gefragt, ob er mir etwas hilft. Und der Kerl hat gleich den Seppl mitgebracht.

Die beiden sind schon fast fertig. Das Dach ist repariert, die Türen schließen wieder und beim Hühnerstall ... Ach, da kommen die beiden.«

(Kasperle kommt mit einer Leiter, Seppl mit einem Hammer.)

»Na, ihr zwei, wie schaut's aus? Seid ihr mit dem Hühnerstall auch schon fertig?«

Kasperle: »Moment, Moment! Zuerst muss ich doch die Kinder begrüßen. Hallo, Kinder! Seid ihr alle da? Ja? Dann ist es ja gut. Wir sind gerade mit dem Hühnerstall fertig geworden. Der Seppl hat mindestens 20 Milliarden Nägel gebraucht und 100 Millionen Schrauben.«

Seppl: »Sicher ist sicher. Ein Hühnerstall muss absolut sicher sein. Was glaubt ihr wohl? Wenn nur ein einziges Brett locker ist, sitzt der Fuchs schon am nächsten Morgen im Hühnerstall und dann ... Mahlzeit!«

Lakmira: »Da hat der Seppl recht. Hier gleich in der Nähe wohnt nämlich der berühmte 'schlaue Fuchs'. Da heißt es aufpassen.«

Kasperle: »Und jetzt komm, Seppl, wir müssen noch die letzten Ziegel festmachen.«

(Die beiden gehen wieder hinaus.)

Lakmira *(ruft ihnen nach):* »Und passt bitte gut auf, nicht dass mir noch einer von der Leiter fällt!«

(Man hört die beiden hinter der Bühne sprechen.)

Kasperle: »Ich steige noch schnell aufs Dach und mache die Ziegel fest. Und du hältst die Leiter, aber bitte nicht wackeln.«

Seppl: »Alles klar.«

Lakmira: »Das Kasperle und der Seppl sind schon zwei ganz nette Burschen. Ich würde mich nicht aufs Dach wagen. Natürlich könnte ich die Löcher im Dach ein-

fach weghexen, aber wie ihr wisst, Kinder, solche Hexensprüche halten nie lange. Und wenn es dann in ein paar Tagen wieder hineinregnet ...«

Kasperle *(noch hinter der Bühne, ruft ganz aufgeregt):* »Seppl, Seppl, sieh nur, wir haben vergessen, die Türe vom Hühnerstall abzusperren! Da macht sich gerade ein Huhn davon!«

Seppl: »Ich sehe es. Bleib du nur auf dem Dach, ich mache das schon. Gogogogo, komm mein Hühnchen, komm nur ...«

(Plötzlich läuft ein weißes Huhn über die Bühne, der Seppl hinterdrein.)
»Nun bleib schon stehen, du dummes Huhn! Gogogogoggo, na warte, wenn ich dich erwische.«

(Sie laufen beide von der Bühne, der Seppl stürzt sich hinter der Bühne auf das Huhn, man sieht lediglich ein paar weiße Federn fliegen.)

»So, jetzt habe ich dich! Und nun zurück in den Stall!«

(Die beiden kommen auf die Bühne ...)
»Du störrisches Huhn!« *(... und verschwinden wieder.)*

Lakmira: »Das war eben Berta. Sie ist ein überaus störrisches Huhn, aber sie legt die größten und schönsten Eier.«

(Sie ruft hinaus.) »Nun, seid ihr bald fertig?« *(Die beiden kommen herein.)*

Kasperle: »Das war's, Lakmira. Der Hühnerstall sieht aus wie neu.«

Seppl: »Dort kommt kein Fuchs hinein, und das Dach ist auch wieder dicht.«

Lakmria: »Dann sage ich euch vielen Dank! Und jetzt halte ich mein Versprechen, und ihr dürft euch etwas ganz Besonderes wünschen.«

Kasperle: »Das ist nett von dir Lakmira, aber wir beide brauchen nichts. Wir sind eigentlich ganz zufrieden. Wir spazieren jetzt nach Hause.«

Seppl *(flüstert):* »Du, Kasperle?«

Kasperle: »Was ist denn, Seppl?«

Seppl: »Ich bin aber sehr müde vom vielen Arbeiten, und es ist noch ein weiter Weg bis nach Hause. Wir könnten uns doch ...«
(Er flüstert dem Kasperle ins Ohr.)
»Nun, was sagst du dazu?«

Kasperle: »Keine schlechte Idee, also dann! Lakmira, der Seppl hat doch noch einen Wunsch.«

Lakmira: »Nur heraus damit, Seppl.«

Seppl *(etwas schüchtern):* »Ich wünsche mir einen schönen Siebenmeilenstiefel, dann müsste ich nicht nach Hause laufen. Ich bin nämlich schon etwas müde.«

Lakmira: »Einen Siebenmeilenstiefel? Eine gute Idee, Seppl. Das ist für mich kein Problem. Und du, Kasperle? Brauchst du auch einen?«

Kasperle: »Nein danke, Lakmira, ich laufe einfach hinter dem Seppl her. Das macht auch Spaß.«

Lakmira: »Na gut, dann pass einmal auf! Schlangenwurz und Hasenfurz, Krötenschleim und Hühnerbein, Katzenschwanz und Eiertanz, Vor euch steht, seht hin genau. Ein Siebenmeilenstiefel, himmelblau, hex, hex!« *(Der Stiefel erscheint.)*

Kasperle: »Sieh nur, Seppl, ein richtiger blauer Siebenmeilenstiefel. Ach Lakmira, was bist du nur für eine kluge Hexe.«

Lakmira: »So Seppl, jetzt musst du nur noch einsteigen und sagen:
`Ene, mene Katzenlaus,
Stiefel bring mich schnell nach Haus.'
Und du wirst sehen ...«

Kasperle: »Also Seppl, steig ein und sag deinen Spruch.«

Seppl *(zwängt sich in den Stiefel und):* »Ene, mene Katzenlaus, Stiefel bring mich schnell nach Haus.« *(Der Stiefel bewegt sich.)* »Hui, jetzt geht es los!« *(Der Stiefel läuft los, das Kasperle hinten nach, die beiden verschwinden von der Bühne.)*

Lakmira *(ruft ihnen aufgeregt nach):* »Aber so wartet doch, so wartet doch. Mein Gott, Kinder, ich habe doch vergessen, dem Seppl zu sagen, wie man den Stiefel wieder zum Stehen bringt! Ach du meiner Seel ... Jetzt läuft er mit dem Seppl um die ganze Welt. Nein, so etwas!«

2. Szene: In der Stadt Kasperhausen

Das Kasperle und der Seppl können vorerst den Stiefel nicht zum Halten bringen. Der Stiefel ist zu schnell für das Kasperle, auch der Polizist kann nicht helfen. Mit Hilfe der Hexe Lakmira gelingt es doch noch.

(Die Gretl und Herr Behrens treffen sich in Kasperhausen.)

Gretl: »Guten Tag, Herr Behrens! Auch wieder in Kasperhausen?«

Behrens: »Natürlich, Gretl, natürlich, heute ist doch Markttag, und da bin ich immer hier.«

Gretl: »Und wie geht es ihrer verehrten Frau Gemahlin?«

Behrens: »Ach, nun ja, man soll nicht klagen. Aber nun muss ich weiter, Gretl, ich habe noch einiges zu erledigen. Grüße mir die Großmutter und das Kasperle. Auf Wiedersehen, Gretl.« *(Behrens ab.)*

Gretl: »Auf Wiedersehen, Herr Behrens! So, ich muss noch schnell zum Bäcker.«

(Man hört hinter der Bühne den Seppl rufen.)

Seppl: »Bleibt doch stehen, hast du nicht gehört, du sollst stehen bleiben! Hilfe, ich habe gesagt: stehen bleiben!«

(Der Seppl kommt unter Hilfegeschrei von einer Seite und verschwindet auf der anderen wieder.)

Gretl *(ganz erstaunt):* »Was war das denn? Das war doch der Seppl. Träume ich jetzt? Der Kerl saß doch in einem blauen Stiefel!«

Kasperle *(kommt schnaufend herein):* »Seppl, Seppl, so warte doch! Uhh! Ich kann nicht mehr.« *(Er setzt sich hin.)* »Ach Gretl du bist es. Gretl, ich sage dir ...«

Gretl: »Aber Kasperle, du bist ganz außer Atem. Was ist denn los?«

Kasperle: »Einen Moment, Gretl, ich muss noch ein wenig verschnaufen. Also ... nein, also ... nein. Vielleicht können dir die Kinder erzählen, was alles passiert ist?«

Gretl *(zu den Kindern):* »Kinder, wisst ihr denn, was hier los ist?«

(Die Kinder erzählen.)

Kasperle: »Und was jetzt, Gretl? «

Gretl: »Mein Gott, Kasperle, mit Siebenmeilenstiefeln kenne ich mich nicht aus. Und zudem habe ich keine Zeit. Ich muss jetzt wirklich zum Bäcker. Großmutter wartet auf die Brötchen. Du wirst das schon machen, Kasperle.« *(Gretl ab.)*

Kasperle: »Du wirst das schon machen ... Wie denn? Wie denn? Einen Siebenmeilenstiefel zum Stehen bringen. Als ob das so einfach wäre! Ach, da kommt unser Polizist, der Herr Wanninger.«

Polizist: »Hallo, Kasperle!«

Kasperle: »Sie kommen gerade zur rechten Zeit, Herr Polizist. Ich brauche ihre Hilfe.«

Polizist: »Aber dafür ist unsereiner ja da. Kasperle, was gibt es denn?«

Kasperle: »Um es ganz kurz zu machen. Der Seppl sitzt in einem Siebenmeilenstiefel und rast durch die Gegend, und der Stiefel bleibt einfach nicht stehen.«

Polizist: »Hmhmhm, ich weiß nicht, ob ich da etwas machen kann.«

Kasperle: »Aber Herr Polizist, sie müssen, sie müssen! Der Stiefel hält sich nicht an die vorgeschriebene Geschwindigkeit, er überfährt jedes Stoppschild und hält auch nicht bei einer roten Ampel. Es könnte doch etwas passieren.«

Polizist: »Wenn das so ist, dann muss ich sofort einschreiten. Hmmhm...«

(Er denkt nach.)

Kasperle *(nervös):* »Herr Polizist, was ist denn los? So schreiten Sie doch ein.«

Polizist: »Einen Moment noch, Kasperle, ich muss zuerst noch nachdenken.«

(Er nimmt den Kopf in die Hände und denkt weiter nach.)

Kasperle: »Herr Polizist, so sagen Sie doch endlich etwas.«

Polizist: »Psst, Kasperle, ich bin immer noch am Denken ... Aha, jetzt hab ich's.«

Kasperle: »Und? Was ist herausgekommen?«

Polizist: »Der Seppl muss einfach stehen bleiben.«

Kasperle: »So, so, er muss stehen bleiben. Herr Polizist Wanninger, da ist ihnen aber etwas ganz Gewaltiges eingefallen.«

Polizist: »Natürlich, ich habe auch lange nachgedacht. Ich bin ein Polizist, ich stelle mich hier hin, und wenn der Seppl in seinem Stiefel kommt, dann sage ich einfach 'STOPP' und das wär's.«

Kasperle: »Und Sie glauben, dass das funktioniert?«

Polizist: »Es muss, es muss, ich hole noch schnell meine Stopp-Kelle und dann werden wir ja sehen.«

(Er geht hinaus und kommt mit einer Stopp-Kelle wieder herein.)

»Bitte alles auf die Seite! Ich brauche Platz! Und jetzt kann er kommen.«

Kasperle *(geht zur Seite der Bühne):* »Ich sehe ihn kommen, ich sehe ihn!«

(Man hört den Seppl bereits hinter der Bühne rufen.)

Seppl: »Stehen bleiben! So bleib doch endlich stehen, du dummer Stiefel du!«

(Er kommt herein und ruft im Vorbeisausen.)

»Kasperle! So hilf mir doch! Kaaaasperle!«

Polizist: »Achtung Seppl, sofort stehen bleiben! Das ist ein Befeeeeehl!«

(Der Seppl fährt den Polizisten um und verschwindet auf der anderen Seite der Bühne wieder.)

»Aua, aua! Ja warum bleibt er denn nicht stehen? Das gibt es doch nicht, da muss ich sofort einen Bericht schreiben, nein so etwas ...«

Kasperle: »Probieren Sie es bitte noch einmal, Herr Polizist, bitte!« *(Er schaut zur Seite.)* »Da kommt er schon wieder!«

(Der Seppl kommt wieder herein.)

Seppl *(ruft):* »Warum hilft mir denn keiner? Ich halte es nicht mehr aus, ich mache gleich in die Hosen.«

Polizist: »Ich befehle hiermit, sofort stehen-zubleieieieieii...«

(Der Seppl fährt den Polizisten wieder nieder und verschwindet.)

»So, jetzt ist endgültig Schluss. Aus und Amen. Ich gehe nach Hause, ich will nicht mehr. Ich bin doch auch nur ein Mensch ... ähh ein Polizist ...«

(Er geht unter lautem Schimpfen von der Bühne.)

Kasperle: »So geht das also auch nicht. Mein Gott, Kinder, was soll ich nur machen? Irgendetwas muss mir doch einfallen. Aber natürlich, jetzt hab ich's. Die Hexe Lakmira, die kann uns bestimmt helfen. Kinder, helft mir einmal, die Hexe zu rufen.«

(Die Kinder und das Kasperle rufen nach der Hexe.)

Hexe *(erscheint):* »Krötenschleim und Echsengalle! Was soll denn dieses Geschrei? Man hört euch bis in den Hexenwald. Kinder, habt ihr so geschrieen?«

Kasperle: »Ach Lakmira, da bist du ja. Wir haben nach dir gerufen, weil du uns helfen musst.«

Lakmira: »Das habe ich mir schon gedacht, es geht sicherlich um den Stiefel. Ist denn der Seppl immer noch unterwegs?«

Kasperle: »Und wie! Er hat sogar schon den Polizisten über den Haufen gefahren. Der Stiefel bleibt einfach nicht stehen.«

Lakmira: »Ich weiß, ich weiß, ohne den richtigen Hexenspruch ist nichts zu machen.«

Kasperle: »Bitte, Lakmira, du musst dem Seppl helfen. Er wird gleich wieder hier auftauchen.«

Lakmira: »Schon gut, Kasperle, ich mache das gerne. Ihr habt mir ja auch geholfen. Geh einmal auf die Seite! So, und jetzt kann er kommen.«

Seppl *(kommt wieder mit dem Stiefel herein):* »Zuhilfe! Zuhilfe! So unternehmt doch endlich etwas!«

Lakmira *(beginnt zu hexen):*
»Nasse Windel, Echsenkopf,
Stinkefuß und Römertopf,
Kinderpuder, Baby-Creme,
Stiefel, bleibt jetzt endlich stehn,
hex, hex!«

(Der Stiefel bleibt stehen.)

Kasperle: »Gott sei Dank, jetzt steht er. Na Seppl, wie fühlst du dich?«

Seppl: »Na wie denn wohl? Ich sitze seit Stunden in dem Stiefel, der Hintern tut mir weh und ich muss dringend aufs Kloooo!« *(Er läuft hinaus.)*

Kasperle: »Das ist noch einmal gut gegangen. Vielen Dank auch, Lakmira! Du bist doch eine brave Hexe. Komm her, ich geb dir einen Kuss dafür.«

Lakmira: »Wie? Was? Du willst mich küssen? Ich ... ich ... muss schnell in den Hexenwald ...« *(Sie läuft davon.)*

Kasperle: »So warte doch, Lakmira! Schade, ich hätte gerne einmal eine Hexe geküsst. Na ja, vielleicht beim nächsten Mal. Jetzt muss ich aber doch noch den Seppl fragen, wo er überall gewesen ist. Er hat bestimmt viel zu erzählen. Und zu euch, Kinder, sage ich ʻBis zum nächsten Mal'!«

(Absage und Vorhang)

Kasperle und die Wasserfrau

Es spielen:

das Kasperle, der Seppl,
die Wasserfrau Sumpfine,
der Frosch Fridolin Blasebalg,
der böse Zauberer Krimoplax

Bühnenbilder:

1. Szene: Teichlandschaft mit Schilf
2. Szene: Teichlandschaft mit Schilf

Inhaltsangabe:

*Das Kasperle und der Seppl haben beim Angeln etwas ganz
Seltsames gefangen, nämlich eine richtige Wasserfrau. Die beiden
sind ganz erstaunt, als ihnen die Wasserfrau eine ganz traurige
Geschichte erzählt. Der Teich ist nämlich nicht mehr ganz sauber. Der
Krötenvater Warzinger ist krank, der Molch hat Ohrenschmerzen und
der Frosch Fridolin Blasebalg leidet an einem starken Husten. Und
alles nur wegen dem bösen Zauberer Krimoplax. In solch einer
Angelegenheit kann nur noch das Kasperle helfen.*

1. Szene: Teichlandschaft

Das Kasperle und der Seppl kommen mit Angeln auf die Bühne und versuchen zu fischen.

Kasperle *(das Kasperle und der Seppl kommen singend auf die Bühne):*
»Ein Fischer wollte angeln gehn
und hat den Fisch glatt übersehn,
fidiralla fidiralla fidi ...«

Seppl: »Er warf die Angel,
schwupps und hopps,
am Haken hing ein Rollmops,
fidiralla fidiralla fidi ...«

Kasperle: »Du bist selbst ein Rollmops. Musst du denn immer nur herumblödeln? Kann man mit dir überhaupt ernsthaft reden?«

Seppl: »Aber natürlich kann man das, pass mal auf!« *(Singt)*
»Im Städtchen, im Städtchen,
spaziert ein Fisch-Stäbchen, fidirallala ...«

Kasperle: »Jetzt ist aber endgültig Schluss, Seppl, sonst laufen uns noch alle Fische davon.«

Seppl: »Kasperle, jetzt redest du aber einen Blödsinn daher, oder können Fische vielleicht laufen? Ha? Frage doch einmal die Kinder.« *(Zu den Kindern)*
»Kinder, was das Kasperle erzählt, ist doch purer Unsinn. Fische können doch nicht laufen, oder? Sagt das mal dem Kasperle.« *(Die Kinder klären das Kasperle auf.)*

Kasperle: »Also gut, Kinder, jetzt weiß ich es. Fische können schwimmen und nicht laufen, ihr habt recht. Aber wir müssen ganz ruhig sein, sonst laufen ... äh ... ich meine, sonst schwimmen uns die ganzen Fische noch davon und die Großmutter kann uns kein Abendessen machen.«

Seppl: »Da brauchst du dir keine Sorgen zu machen, Kasperle, denn vor dir steht der beste Angler der ganzen Welt. Und in diesem Teich gibt es sicher viele Fische. Glaub mir, Kasperle, die zittern jetzt schon vor mir.«

Kasperle: »Na ja, wir werden sehen. Kinder, aufgepasst! Wir werden euch einmal zeigen, wie man richtig angelt. Da werdet ihr staunen.«

(Die beiden werfen die Angelschnur in den Teich, und schon nach kurzer Zeit beginnt die Angel vom Seppl zu zucken.)

Seppl: »Sieh nur, Kasperle, sieh nur! Ich habe schon einen an der Angel – und wie der zieht! Es könnte ein Walfisch sein. Sieh nur, sieh nur! Hab ich dich, Bursche.«

(Er zieht langsam die Angel heraus, und an der Schnur hängt ein großer blauer Schuh.)

Kasperle: »So, so, ein Walfisch also, ein schöner großer Walfisch. Seit wann sind denn Walfische blau und haben Schuhbänder? Seppl, kannst du mir das erklären?«

Seppl: »Tatsächlich, ein Schuh, und was für einer ... Schuhgröße 2544. Also, Walfisch ist das keiner. Na ja, beim nächsten Mal. Ich werde den Schuh einfach hier abstellen.«

(Jemand hinter der Bühne nimmt den Schuh vom Haken, der Seppl wirft seine Angelschnur wieder in den Teich.)

Kasperle *(ruft ganz aufgeregt):*
»Seppl, Seppl, ich habe einen an der Angel, und was für einen! Ui, ui, ui! Du entkommst mir nicht, Fisch, und ... schwupp! Seppl, da kommt unser Mittagessen ...«

(Das Kasperle zieht ein Sofa heraus.)

Seppl *(spöttelt):* »Unser Mittagessen, das ist also – unser Mittagessen. Dann wünsche ich einen guten Appetit, Kasperle. Lass es dir schmecken!«

Kasperle: »Was ist denn heute nur los! Keine Fische, dafür Gerümpel. In diesem Teich scheint es nur Gerümpel zu geben. Wo sind denn die Fische nur alle hin?«

Seppl: »Nur nicht den Mut verlieren, Kasperle. In diesem Teich muss es doch Fische geben. Komm, wir probieren es noch einmal!«

(Die beiden werfen ihre Angelschnüre wieder in den Teich. Nach kurzer Zeit zuckt es bei beiden.)

Kasperle: »Aber jetzt, Seppl, aber jetzt, nur nicht die Nerven verlieren!«

Seppl: »Dieses Mal scheint es zu klappen, und jetzt ganz vorsichtig ziehen ...«

(Die beiden ziehen eine Wasserfrau aus dem Teich.)

Kasperle: »Was haben wir denn nun schon wieder gefangen?«

Seppl: »Das ist aber kein Fisch, auch kein Fischstäbchen. Das ist doch ... das ist doch ... eine ...«

Wasserfrau: »Eine Wasserfrau. Richtig, ich bin eine Wasserfrau. Ich heiße Sumpfine und bin Königin und Herrscherin von Sumpflandia. Ich wohne hier in diesem Teich. Leider muss man sagen ... leider ...«

Kasperle: »Dann waren das dein Schuh und dein Sofa?«

Wasserfrau: »Aber nein, aber nein! Ich brauche doch keine Schuhe und auch kein Sofa. Das ist alles nur Gerümpel, der gan-

ze Teich ist voll davon. Dabei ist das nur harmloses Zeug. Da unten liegt jede Menge Giftmüll! Flaschen, Dosen, Gläser, Plastikbecher und verschiedene alte Zaubersachen, die er nicht mehr braucht. Er wirft alles hier in den Teich.«

Seppl: »Was heißt da 'er'? Wer wirft denn alles in den Teich?«

Wasserfrau: »Der Zauberer Krimoplax natürlich. Er wohnt hier ganz in der Nähe in seinem Zauberschloss, und alles, was er nicht mehr braucht, wirft er in den Teich. Das ganze Wasser stinkt schon von seinem Abfall. Und die Tiere werden natürlich krank davon. Der Krötenvater Warzinger und seine Familie sind schon seit

Wochen krank, und der Frosch Fridolin Blasebalg hustet auch schon seit mehreren Tagen. Es wird immer schlimmer.«

Kasperle: »Und da kann man nichts dagegen unternehmen?«

Wasserfrau: »Leider bin ich machtlos. Ich lebe ja im Wasser und kann nicht heraus. Und mit dem Zauberer Krimoplax ist nicht zu spaßen. Ich weiß nicht mehr, wie es weitergehen soll.«

Seppl: »Kasperle, ich glaube, das ist etwas für uns zwei. Was meinst du?«

Kasperle: »Da hast du ausnahmsweise einmal recht, so kann das nicht weitergehen.« *(Zu den Kindern.)*

»Kinder, was meint ihr dazu, so kann das doch nicht weitergehen, oder? Wir müssen alle gemeinsam der Wasserfrau helfen.«

Wasserfrau: »Ihr wollt mir wirklich helfen? Und ihr auch, Kinder? Das finde ich aber sehr nett von euch. Aber nehmt euch in Acht vor dem Zauberer. Er ist ein ganz böser Kerl. Mit ihm kann es gefährlich werden.«

Kasperle: »Wenn uns die Kinder alle helfen, wird es schon gut gehen. Wir verstecken uns hinter den Büschen und wenn der Zauberer kommt, dann kann es so richtig losgehen.«

Seppl *(zur Wasserfrau):* »Und du kannst jetzt wieder untertauchen. Sicher ist sicher. Man weiß ja nie.«

Wasserfrau: »Aber seid vorsichtig! Ich bitte euch! Hoffentlich geht es gut aus.«
(Die Wasserfrau taucht ab.)
Kasperle: »Und wir verstecken uns, Seppl, aber so, dass uns niemand sieht.«
(Die beiden gehen ab.)

2. Szene: Teichlandschaft

Der Frosch Fridolin Blasebalg berichtet von seinen Problemen. Der Zauberer Krimoplax versucht seinen Müll loszuwerden. Da greifen das Kasperle und der Seppl ein.

Frosch *(taucht hustend aus dem Teich auf):* »Mein Gott, heute fühle ich mich besonders elend.« *(Er hustet.)*
»Der Husten will nicht mehr aufhören. Es ist in diesem Teich nicht mehr auszuhalten. Das Wasser ist verdreckt. Für unsereinen eine Qual. Als Frosch ist man den ganzen Tag am Schwimmen und am Tauchen, natürlich ohne Taucherbrille.«
(Zu den Kindern.)

»Übrigens Kinder, ich heiße Blasebalg, Fridolin Blasebalg. Ich wohne hier in diesem Teich. Mit dem ›Blasebalgen‹ ist es so eine Sache. Eigentlich müsste ich von hier fortziehen, aber ich bin schon als Kaulquappe in diesem Teich geschwommen, da zieht man nicht mehr gerne um. Den anderen Tieren im Teich geht es auch so. Der Krötenvater Warzinger ist krank, der Molch hat seit Wochen Ohrenweh, und mein Husten ...«
(Er hustet wieder stark.)
»Ihr hört es ja selbst, Kinder. – Oh, ich glaube, da kommt jemand. Es wird wohl wieder dieser böse Zauberer sein. Ich gehe lieber auf Tauchstation. Vielleicht sehen wir uns einmal wieder, Kinder. Also, bis dann!« *(Taucht hustend ab.)*
Zauberer *(kommt von der Seite mit einem Schubkarren voll Gerümpel hereingefahren):* »Ach, ist diese Schubkarre wieder schwer. Ich habe doch erst vor ein paar Tagen meine Zauberwerkstatt aufgeräumt und den Müll in den Teich geworfen, aber es sammelt sich immer so viel Müll an. Gut, dass dieser Teich in der Nähe ist, sonst müsste ich den ganzen Müll noch entsorgen. So ist es für mich natürlich viel bequemer.«
(Er leert den Inhalt des Schubkarrens in den Teich.) »So, einfach alles in den Teich und basta.« *(Er sieht sich neugierig um.)*

»Hier stimmt doch etwas nicht, irgendetwas ist heute anders. Ich habe so ein
ungutes Gefühl. Meinen Zauberstab
habe ich auch nicht dabei ... Na ja, vielleicht täusche ich mich nur. Eine Ladung
Müll gilt es noch zu entsorgen.«

*(In diesem Moment stürmen das Kas-
perle und der Seppl von der Seite herein
und stecken den Zauberer nach länge-
rem Kampf in einen Sack.)*

Kasperle: »So, Herr Zauberer, jetzt hat es
sich 'ausgerümpelt'. Sie Teichbeschmutzer,
Sie!«

Seppl: »Was fällt Ihnen denn überhaupt
ein, den ganzen Müll einfach in den Teich
zu werfen. Eine Unverschämtheit ist das.«

Zauberer *(kämpft mit dem Sack)*: »Was ist
denn nur, was ist denn nur? Wieso sehe
ich auf einmal nichts mehr? Ich will aus
diesem Sack heraus, wenn ich nur meinen Zauberstab dabei hätte.«

(Er fängt an, lauter zu rufen.)
»Lasst mich aus dem Sack heraus, sonst
könnt ihr etwas erleben! Lasst mich raus
hier!«

Kasperle: »Das könnte dir so passen, gefangen ist gefangen.«

Wasserfrau *(sie taucht aus dem Teich auf)*:
»Habt ihr ihn endlich erwischt, diesen
schlimmen Kerl? Passt nur auf, dass er
euch nicht entwischt. Er ist ein ganz
durchtriebener Bursche.«

Seppl: »Keine Angst Sumpfine, der kommt
aus diesem Sack nicht mehr so schnell
heraus.«

Wasserfrau: »Was machen wir jetzt nur mit
ihm? Wir können ihn doch nicht ewig in
diesem Sack lassen?«

Zauberer: »Das stimmt, einmal müsst ihr
mich wieder herauslassen.«

(Seine Stimme klingt immer weinerlicher.)
»Es ist so dunkel hier, bitte lasst mich heraus! Ich will auch wieder ganz brav und
artig sein.«

Kasperle: »Eine Strafe muss es aber schon
geben. So einfach geht das nicht. Wenn
ich nur wüsste ...«

*(Das Kasperle geht nachdenklich hin
und her.)*

Seppl: »Du, Kasperle?«

Kasperle: »Ja, Seppl.«

Seppl: »Ich hätte da vielleicht eine Idee.«

Kasperle: »Dann lass hören.«

Seppl: »Der Zauberer muss uns und der
Wasserfrau versprechen, dass er den ganzen Müll wieder aus dem Teich heraus-
holt und ihn auf die Mülldeponie bringt.«

Kasperle: »Das ist eine ausgezeichnete
Idee, Seppl. Und wir beide werden aufpassen, dass er nicht einfach davon-
springt.«

(Zum Zauberer im Sack.)
»Hast du gehört Krimoplax? Na, versprichst du es?«

Zauberer: »Ja, das mache ich, mein großes Zauberehrenwort! Aber jetzt lasst mich bitte aus dem Sack heraus!«

Seppl: »Ja, dann komm her, ich helfe dir.«
(Der Seppl zieht den Sack vom Zauberer.)

Zauberer: »Endlich wieder frische Luft. Und jetzt werde ich den Müll aus dem Teich wieder herausholen. Einfacher ginge es natürlich, wenn ich meinen Zauberstab holen könnte.«

Kasperle: »Das würde dir so passen. Nein, nein! Du wirst in den Teich springen und den Müll mit den Händen herausfischen.«

Wasserfrau: »Bei den schweren Sachen kann ich ein wenig helfen.«

Seppl: »Dann helfe ich auch ein wenig. Komm, Krimoplax, hinein in den Teich!«
(Wasserfrau, Zauberer und Seppl verschwinden im Teich.)

Kasperle: »Na ja, dann helfe ich eben auch noch mit, das Wasser ist schön warm.«
(Zu den Kindern.)

»Bis zum nächsten Kasperletheater ist der Teich wieder sauber, und die Tiere fühlen sich dann sicher wieder wohl. Also, Kinder, bis zum nächsten Mal!«
(Das Kasperle springt in den Teich.)
(Vorhang)

Tri tra trallala

96 Seiten, kartoniert,
ISBN 3-7698-0510-0

42 Spielvorlagen stecken den Rahmen ab für das spontane situationsorientierte Kasperltheater. Die Stücke sind nicht im Detail ausgearbeitet, sondern als Vorlagen für eigene Dialoge gedacht. Dadurch lassen sich die Vorschläge individuell und flexibel auf die eigene Kindergartensituation abstimmen. Die Kinder können leicht in das Spielgeschehen eingebunden und aktuelle Bezüge hergestellt werden.

102 Seiten, kartoniert, mit Illustrationen,
ISBN 3-7698-1273-5

18 ausgearbeitete Stücke rund ums Kindergartenjahr machen Kasperl zu einem gern gesehenen Gast bei den Kindern. Natürlich ist es bei allen Stücken wichtig, dass die Kinder Kasperl mit Rat und Tat unterstützen. Ohne die Hilfe der Kinder geht es nicht. Allen Stücken vorangestellt sind praktische Tipps für das Spiel und den Einsatz der Figuren und für die Herstellung von Requisiten und Kulissen.

Feste feiern mit Kindern

ISBN 3-7698-1271-9

ISBN 3-7698-1272-7

ISBN 3-7698-1338-3

ISBN 3-7698-1302-2

ISBN 3-7698-1259-X

ISBN 3-7698-1260-3

ISBN 3-7698-1303-0

ISBN 3-7698-1368-5

ISBN 3-7698-1386-3